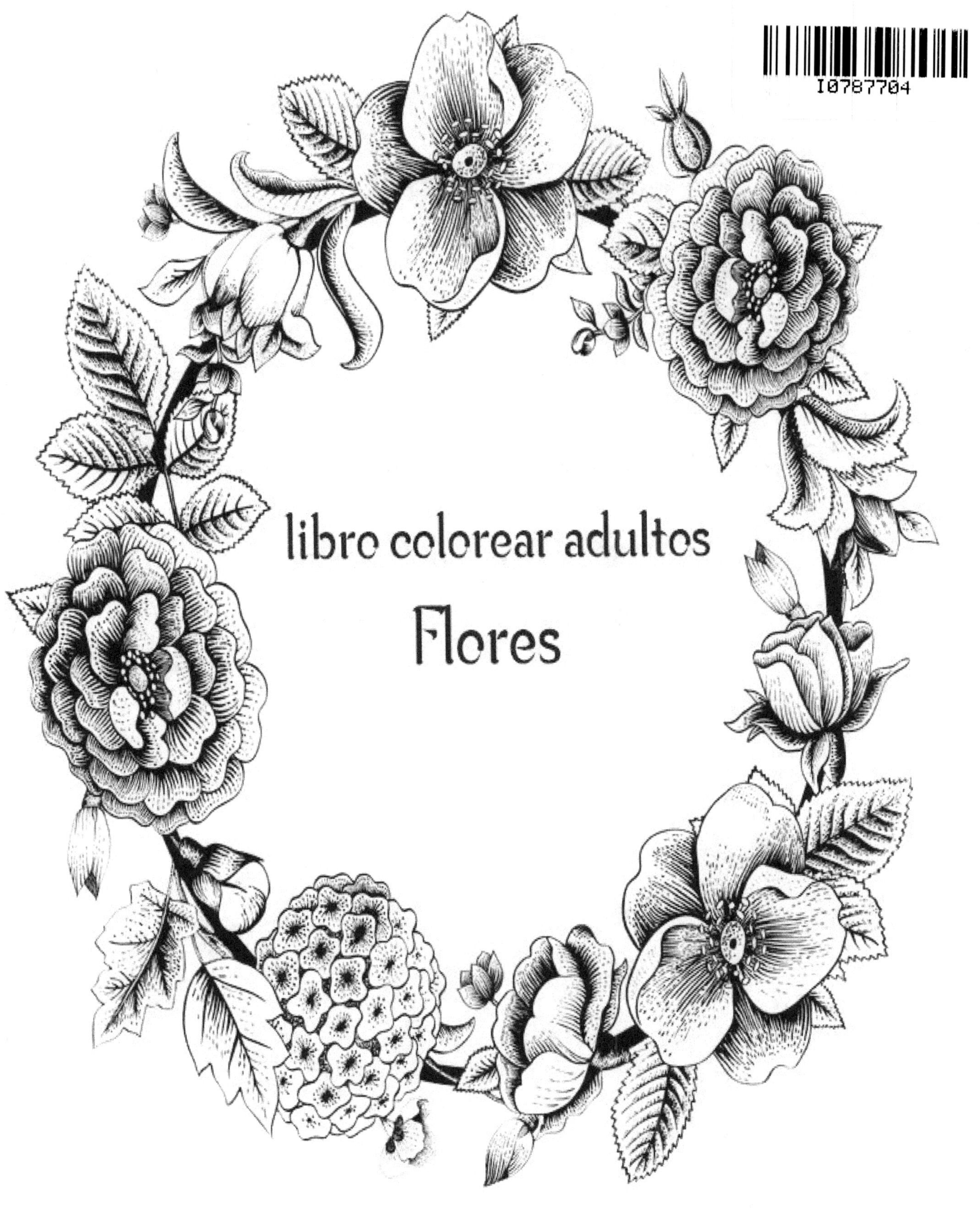
libro colorear adultos
Flores

Este libro pertenece a

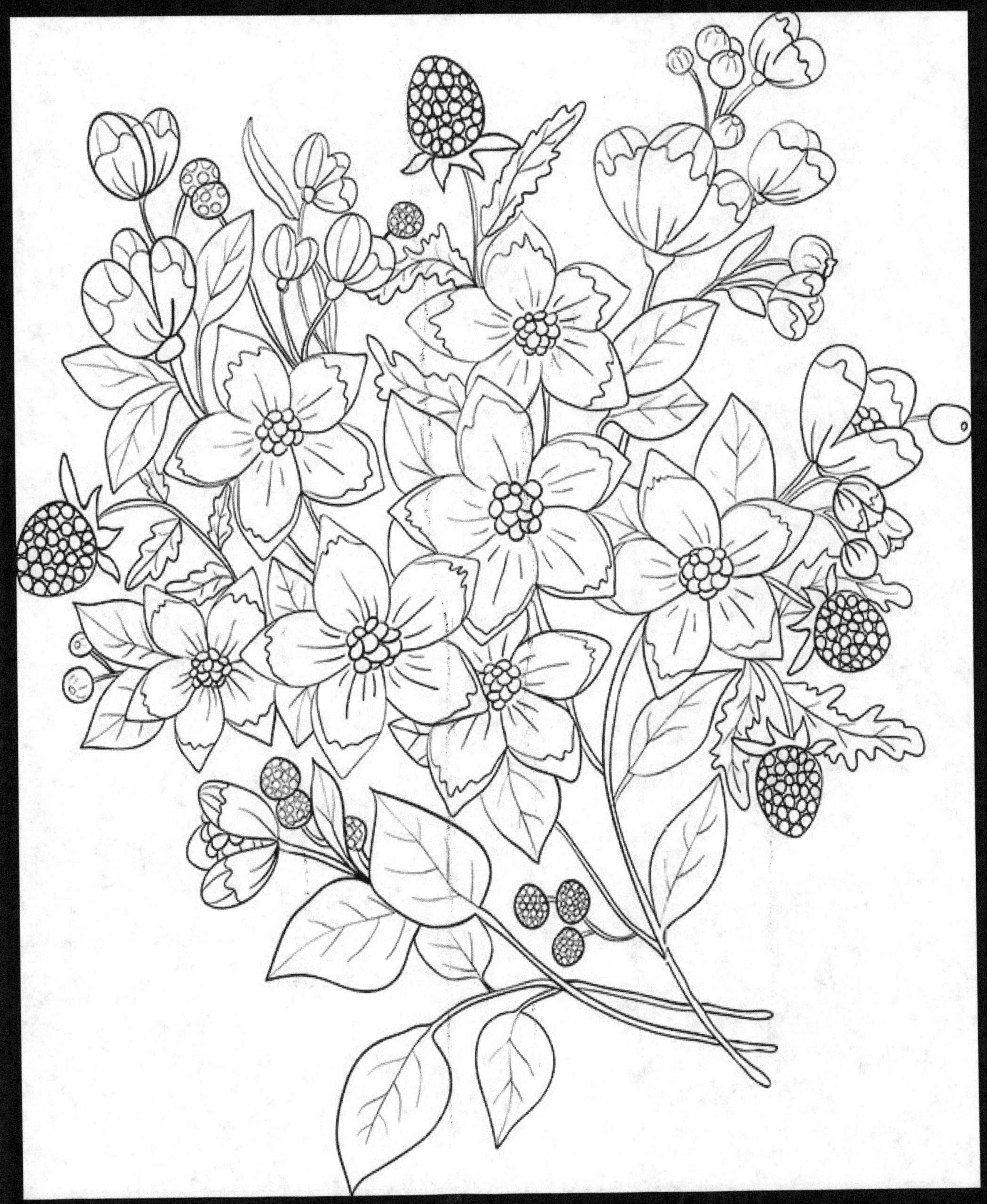

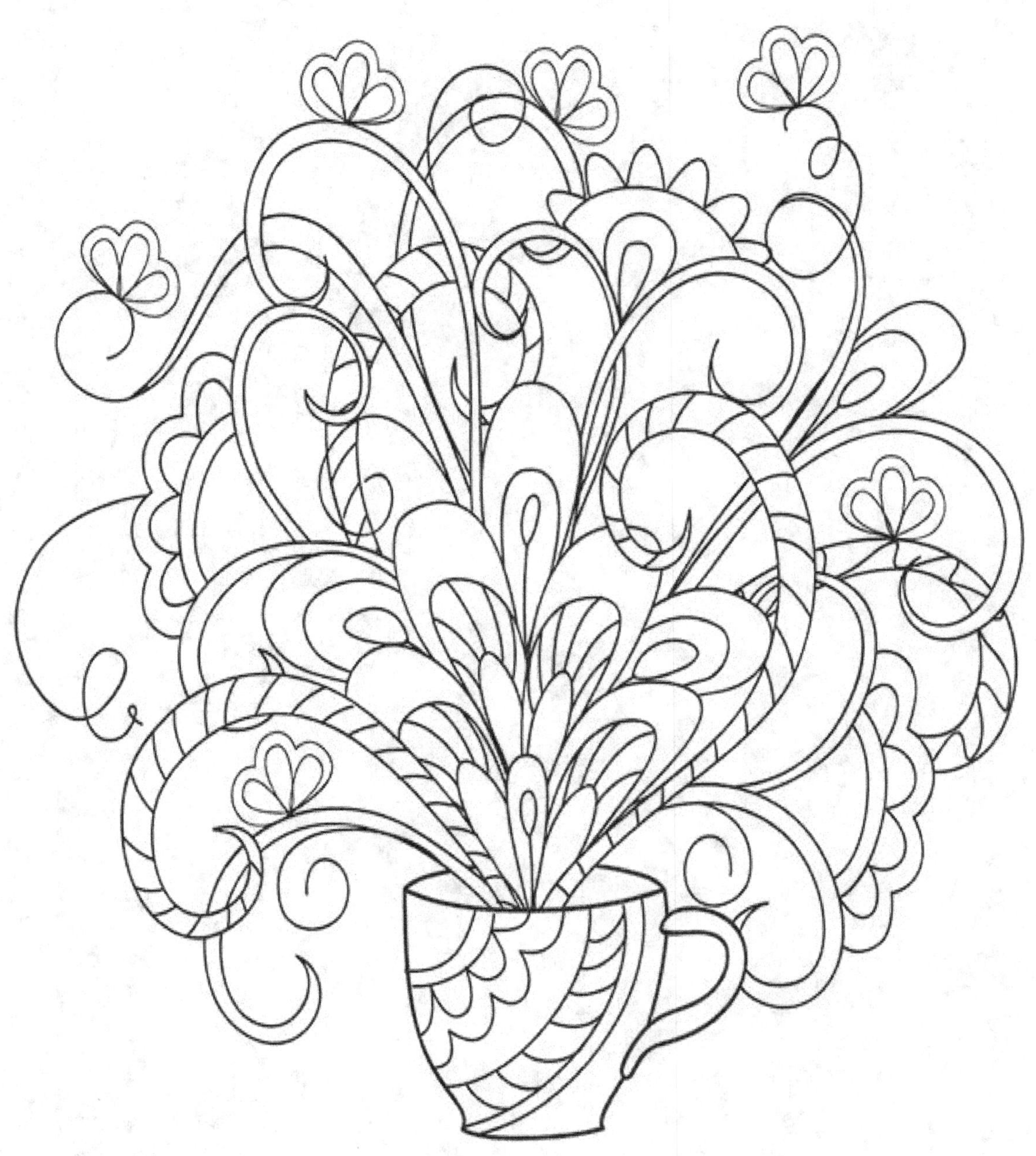

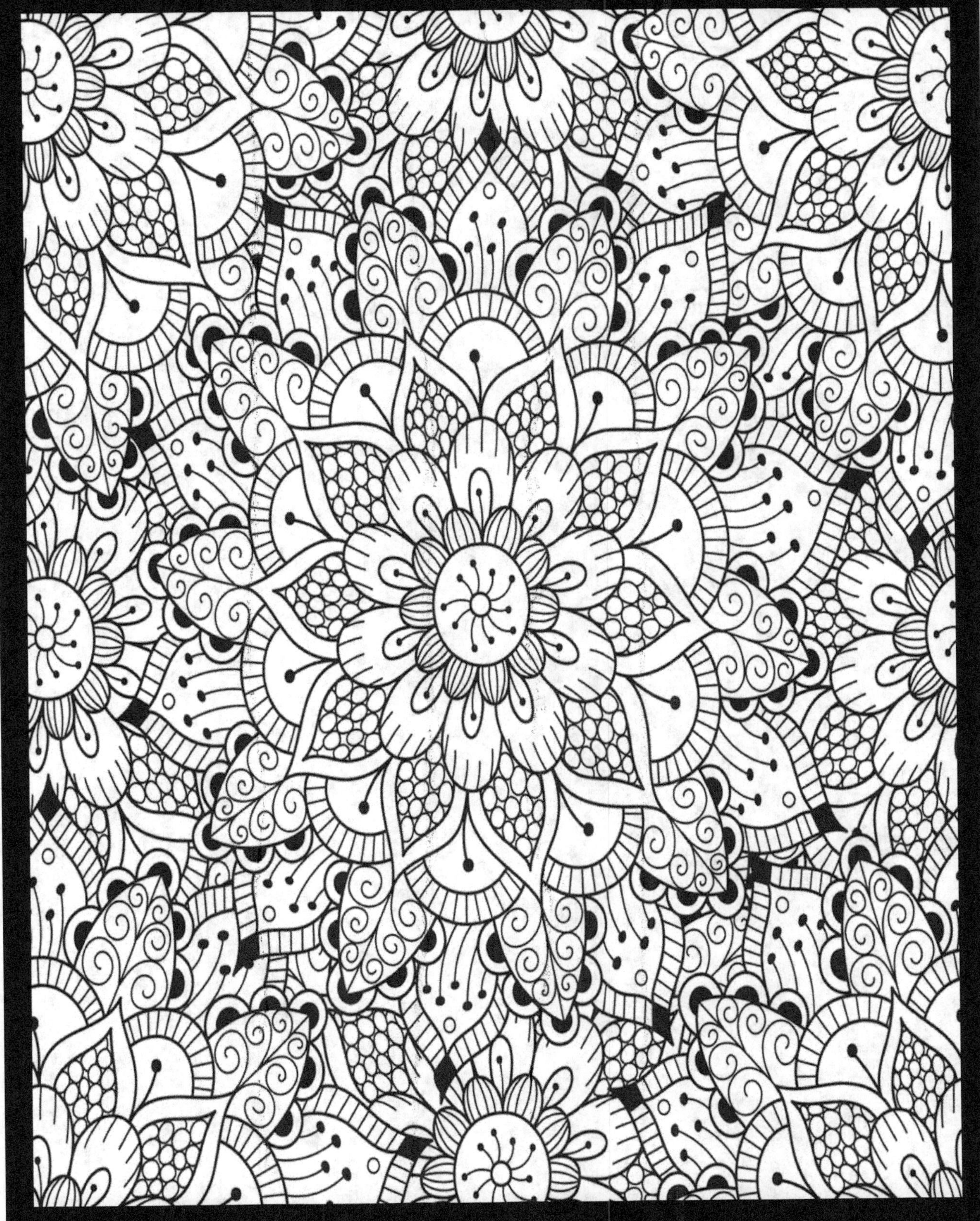

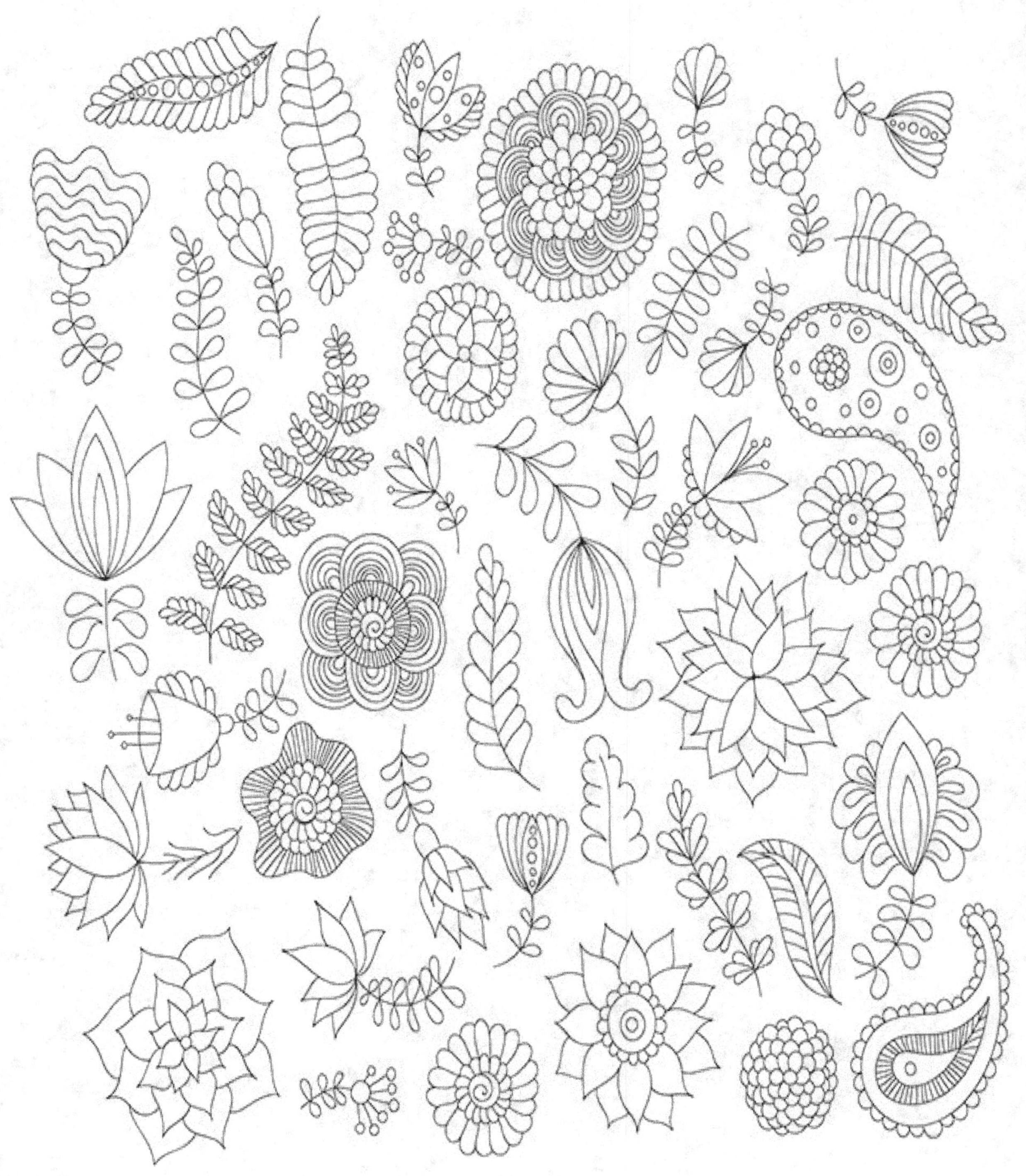

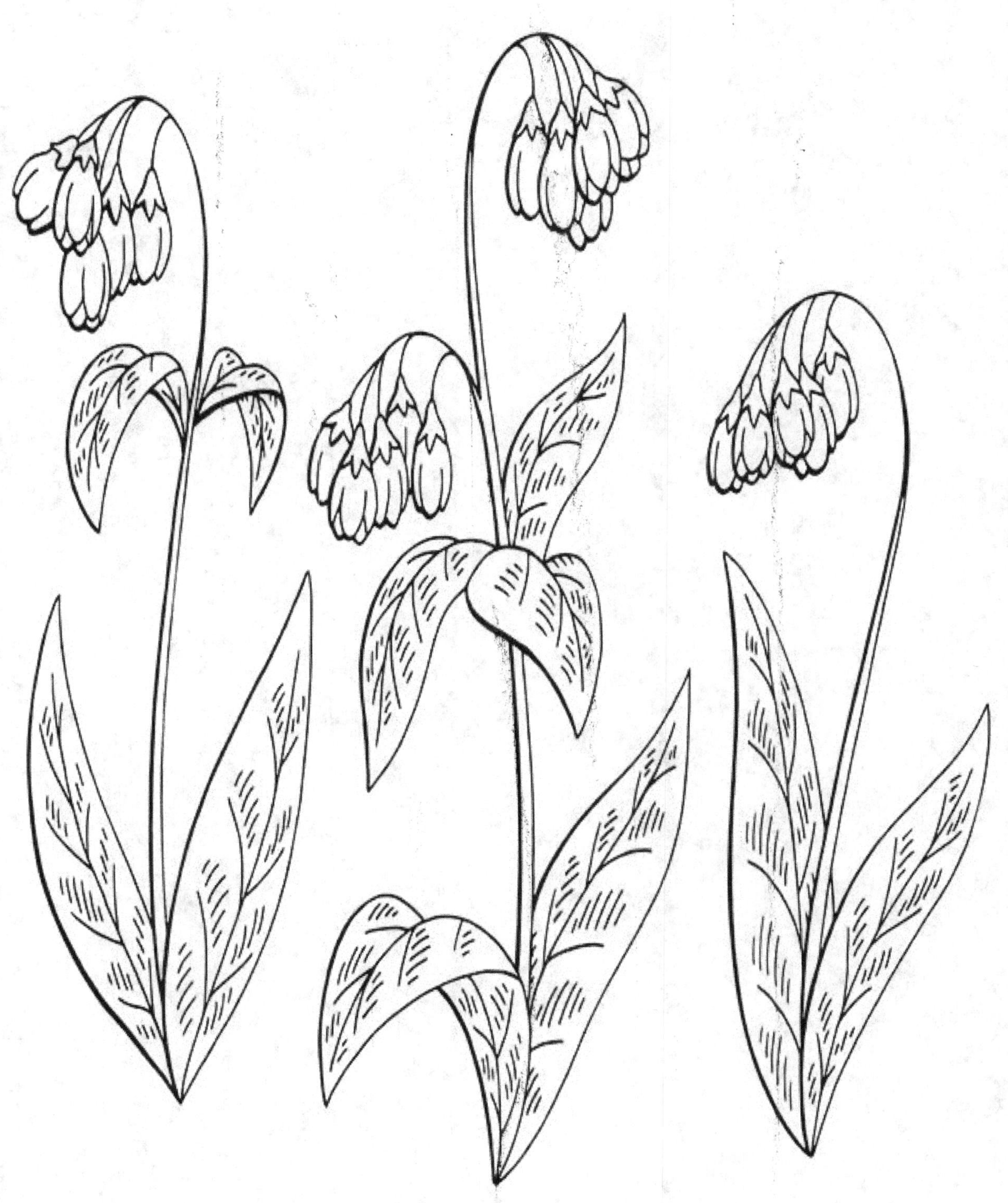

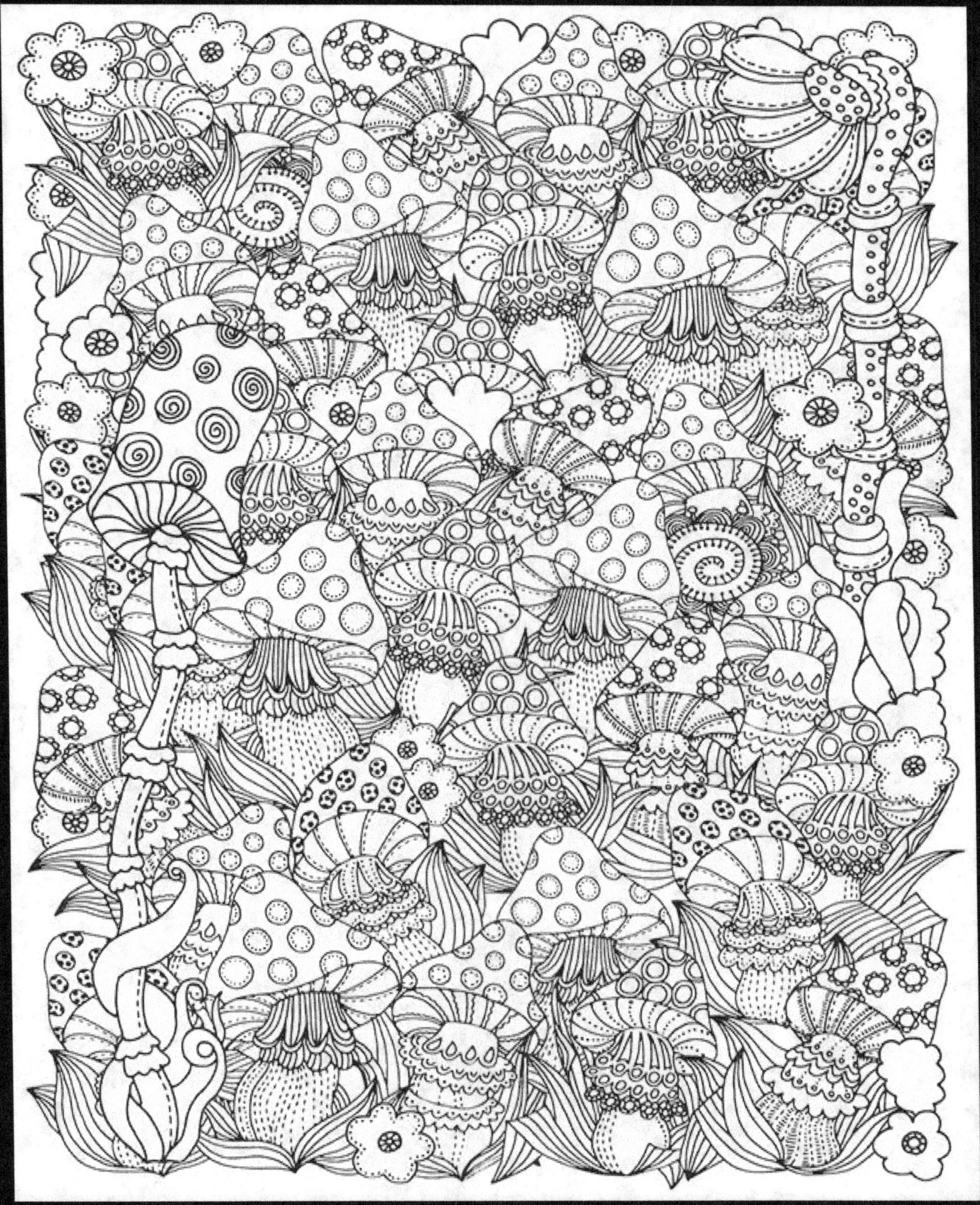

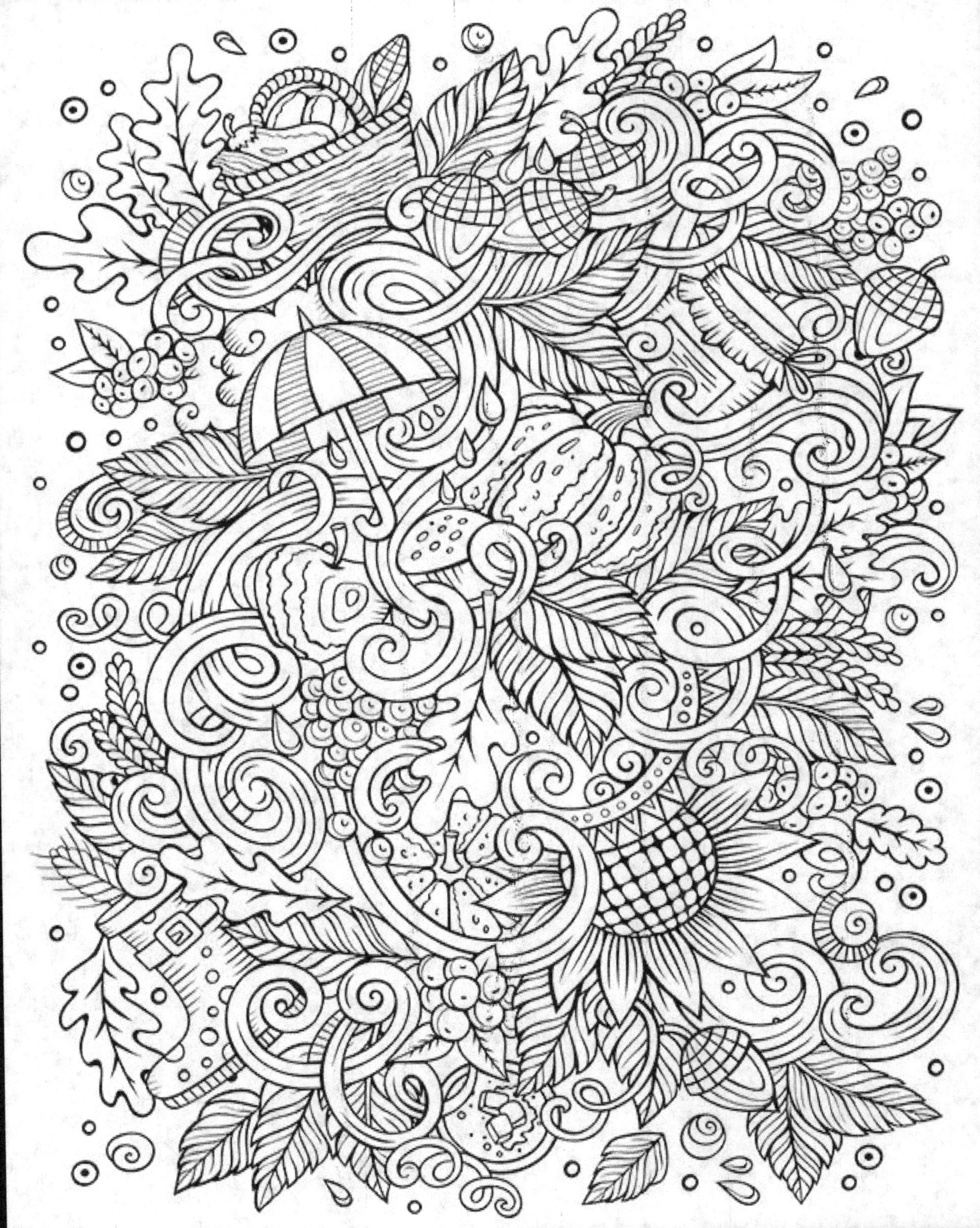

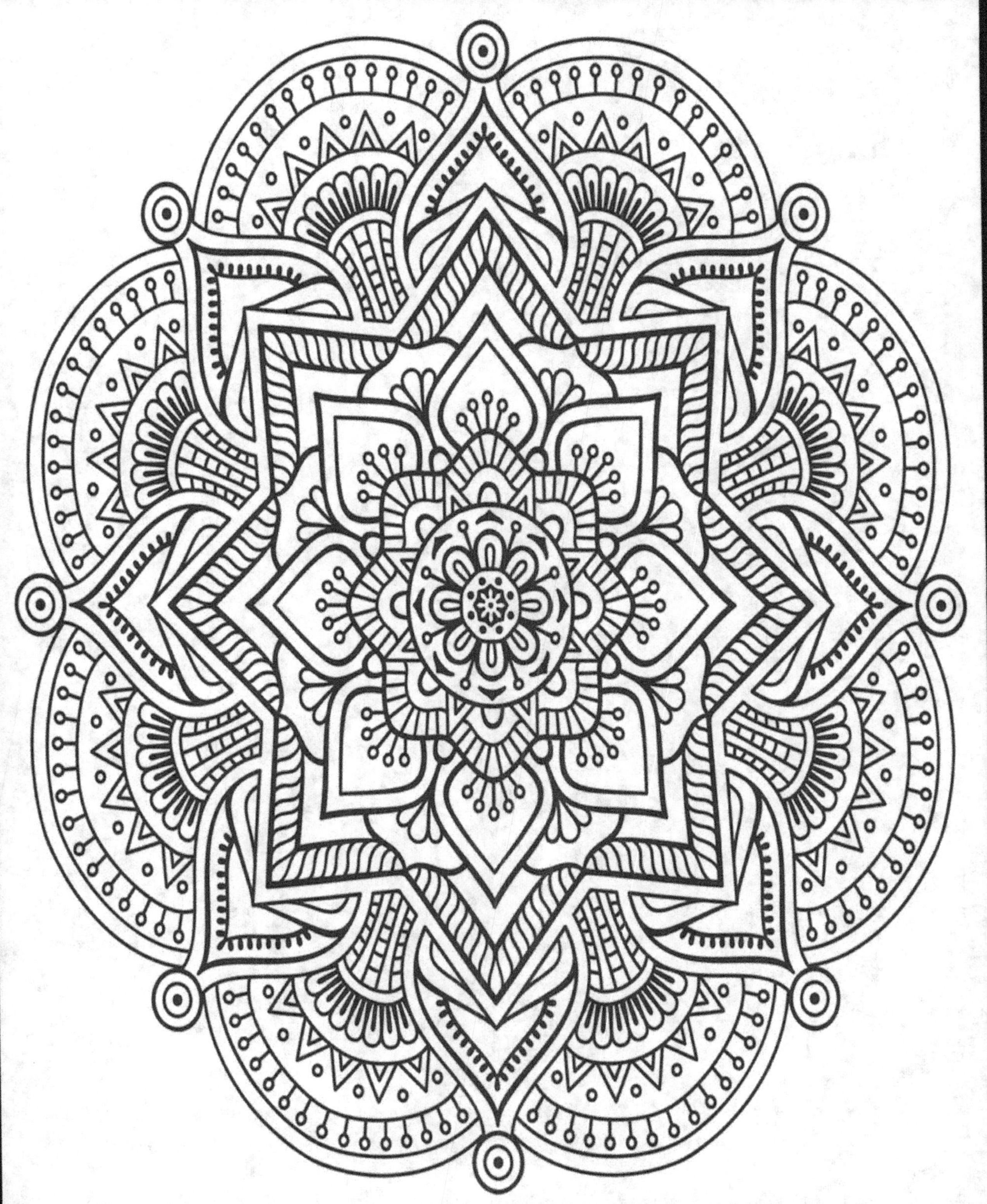

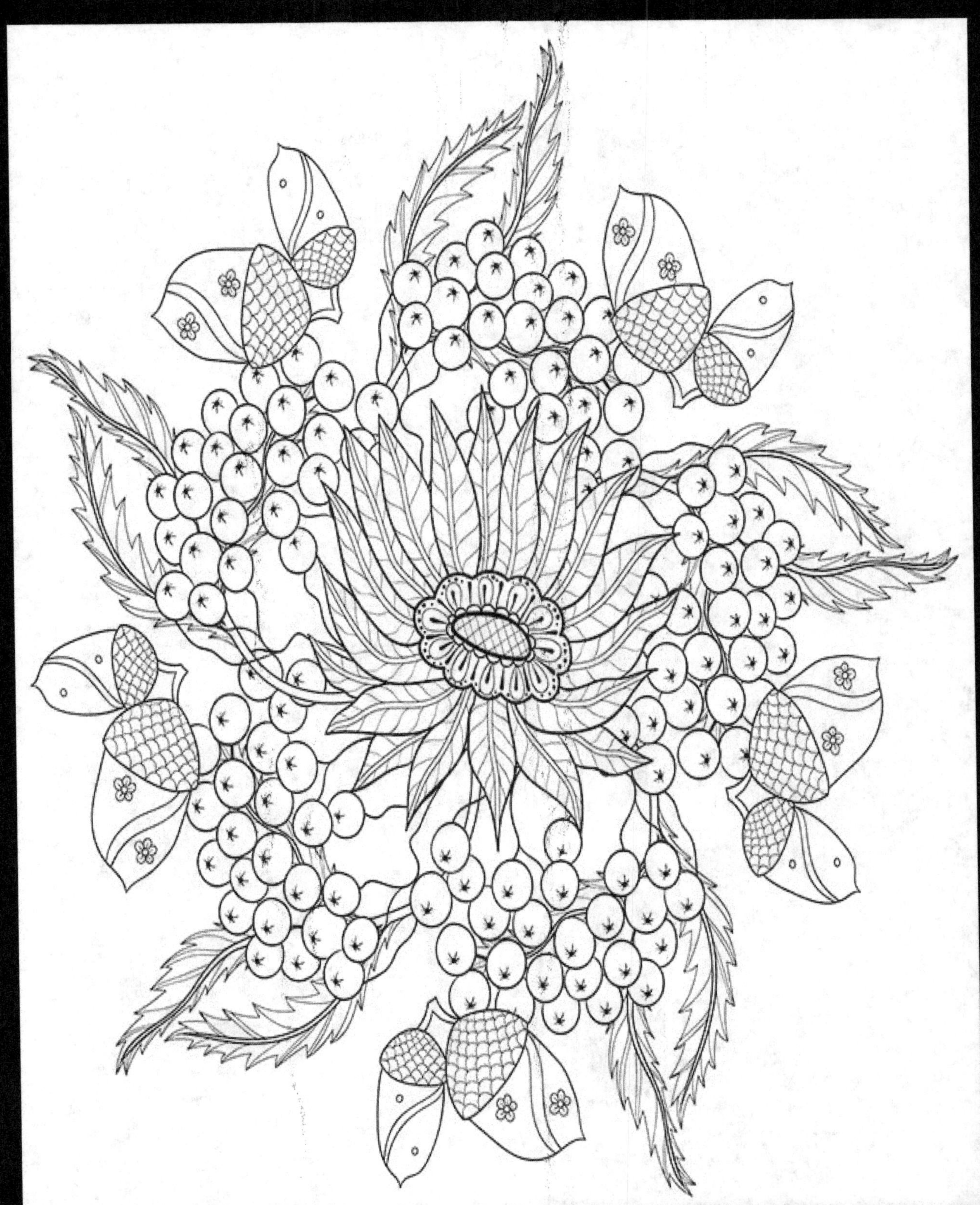

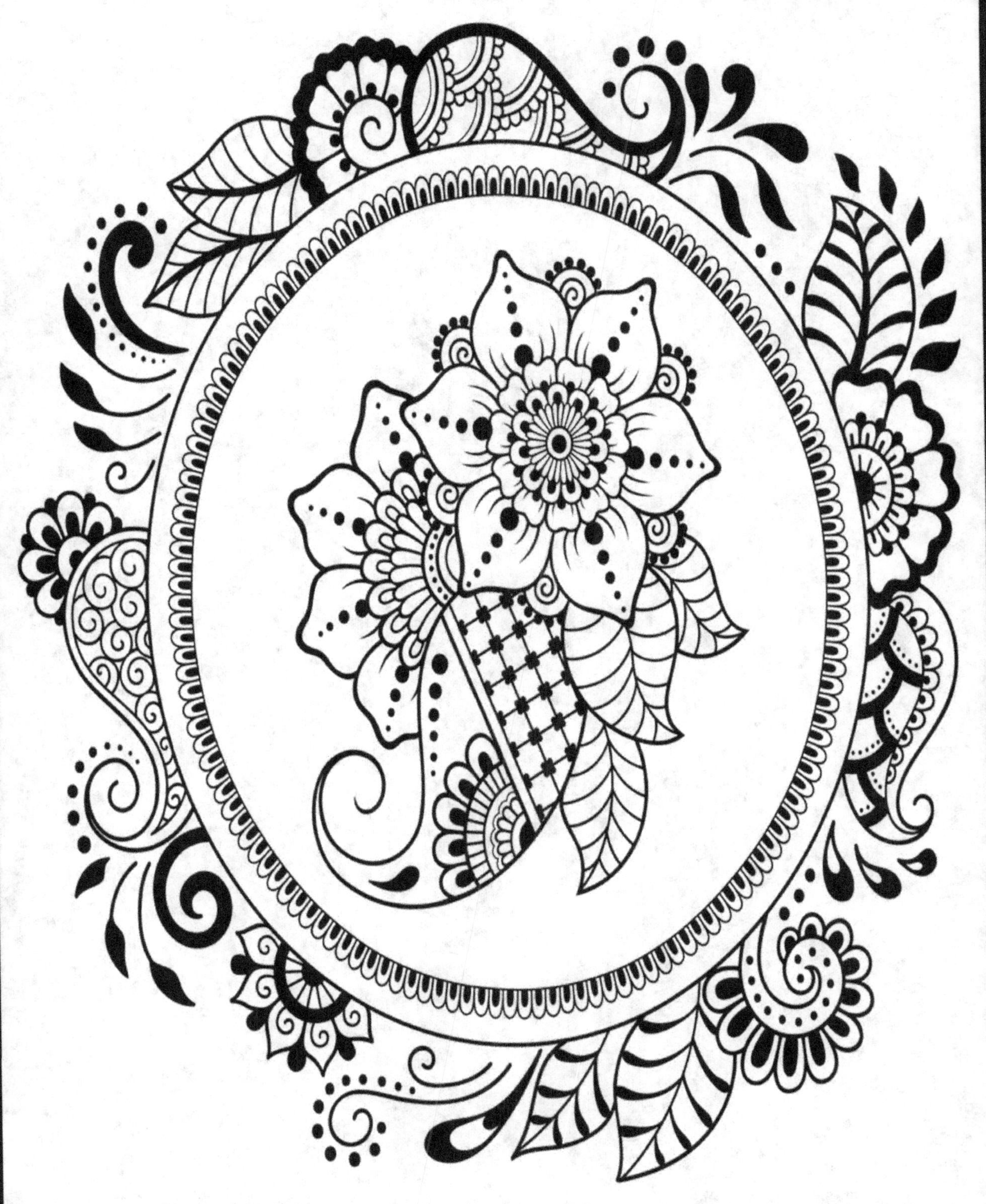

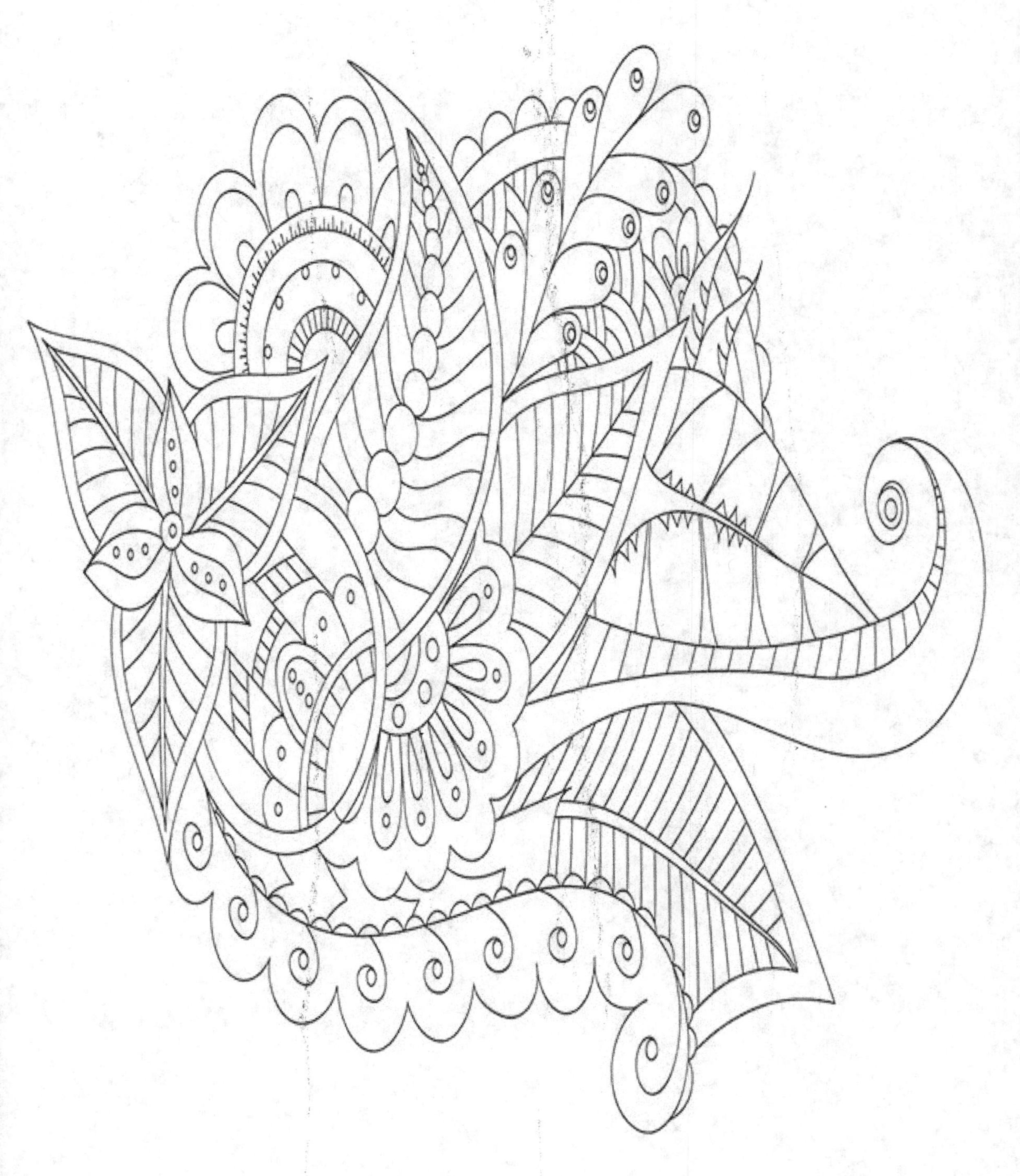

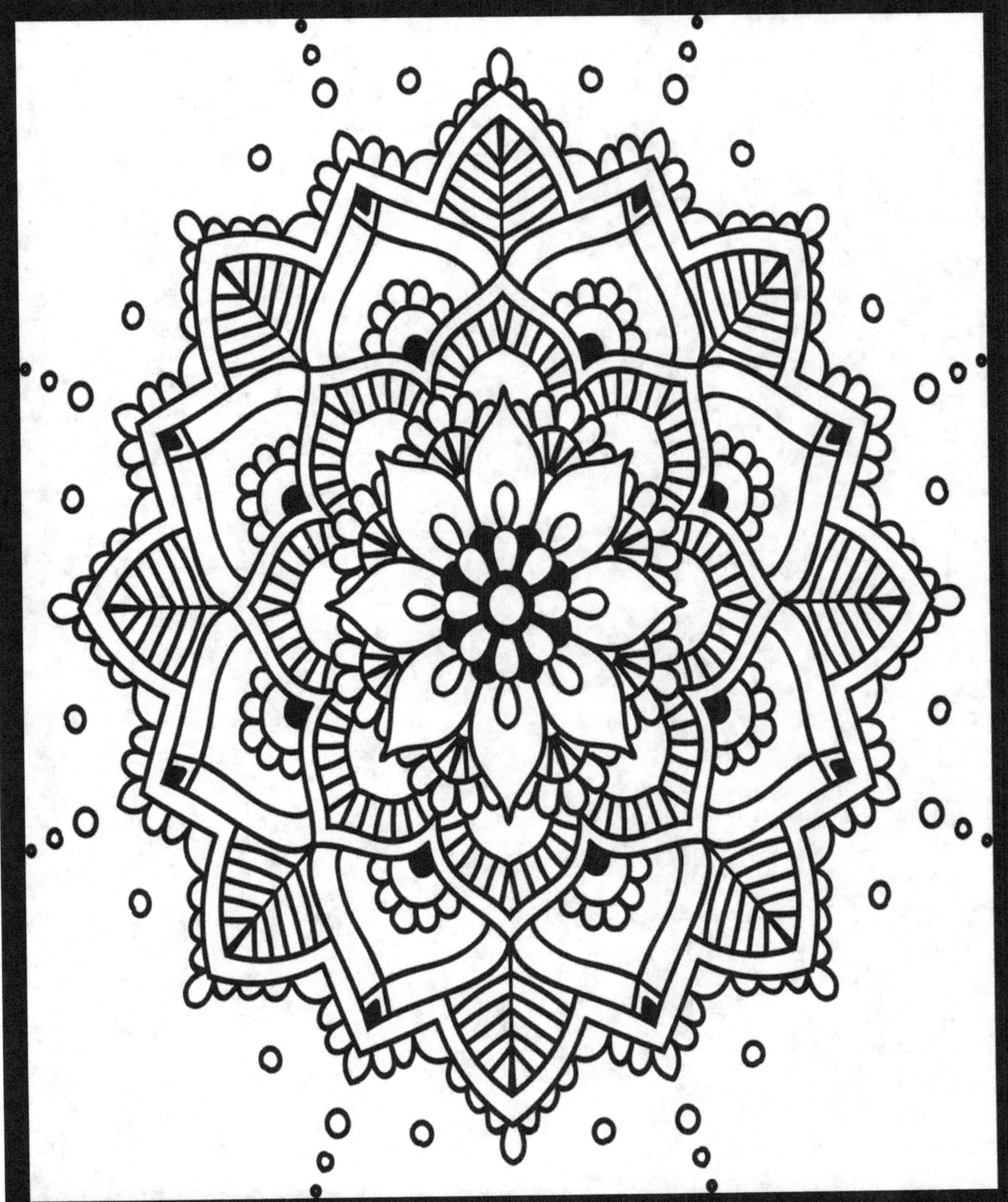

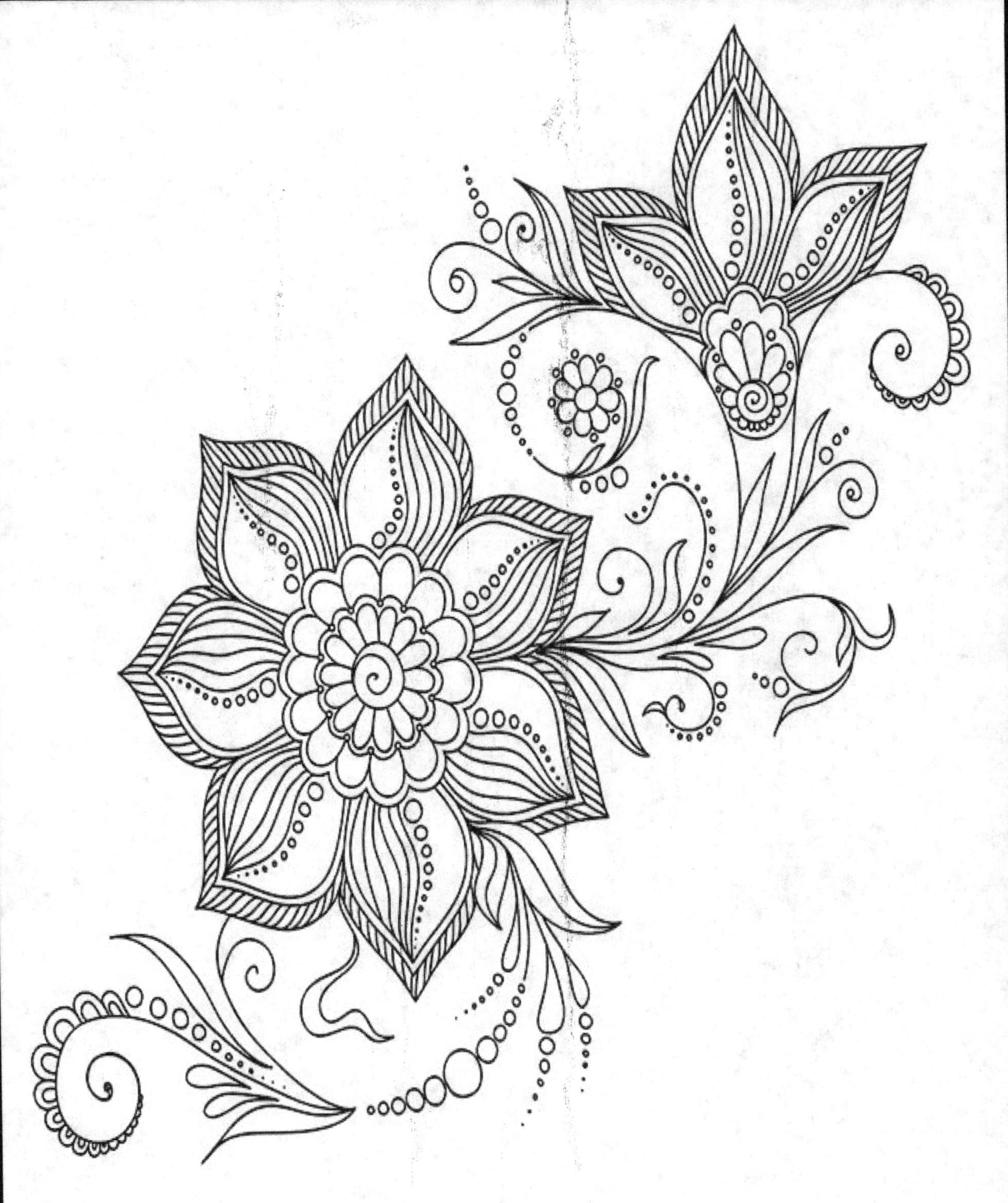

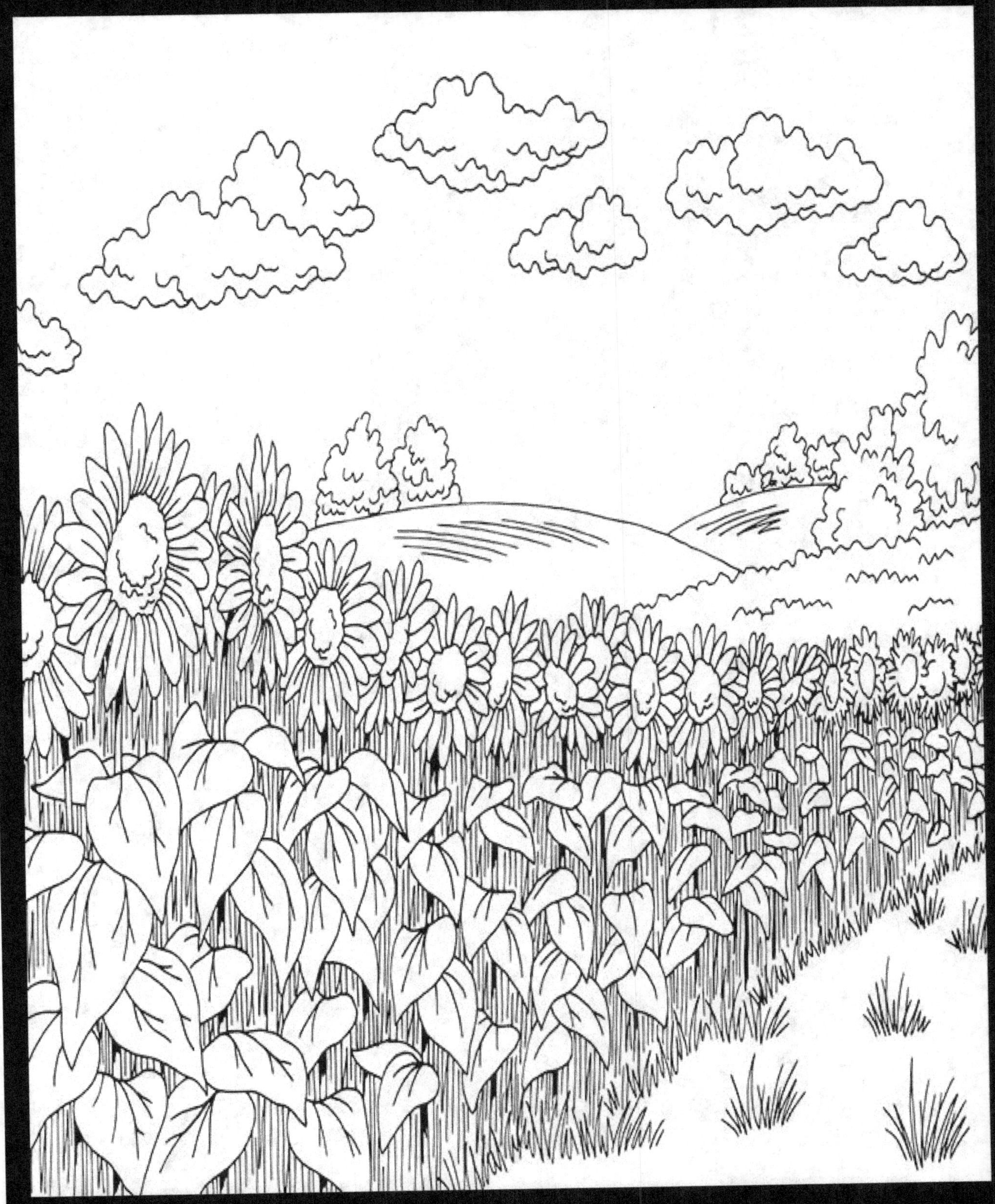

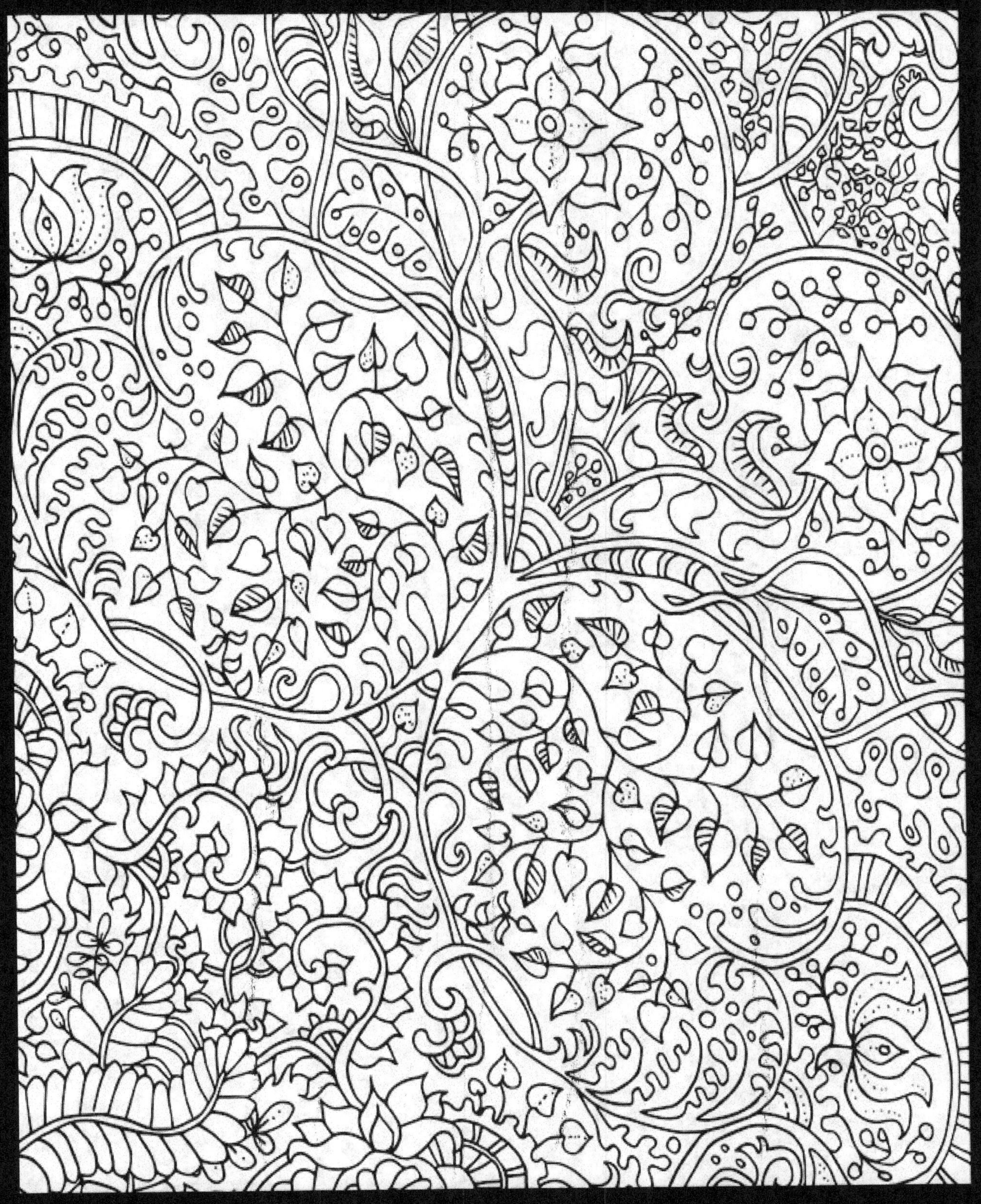

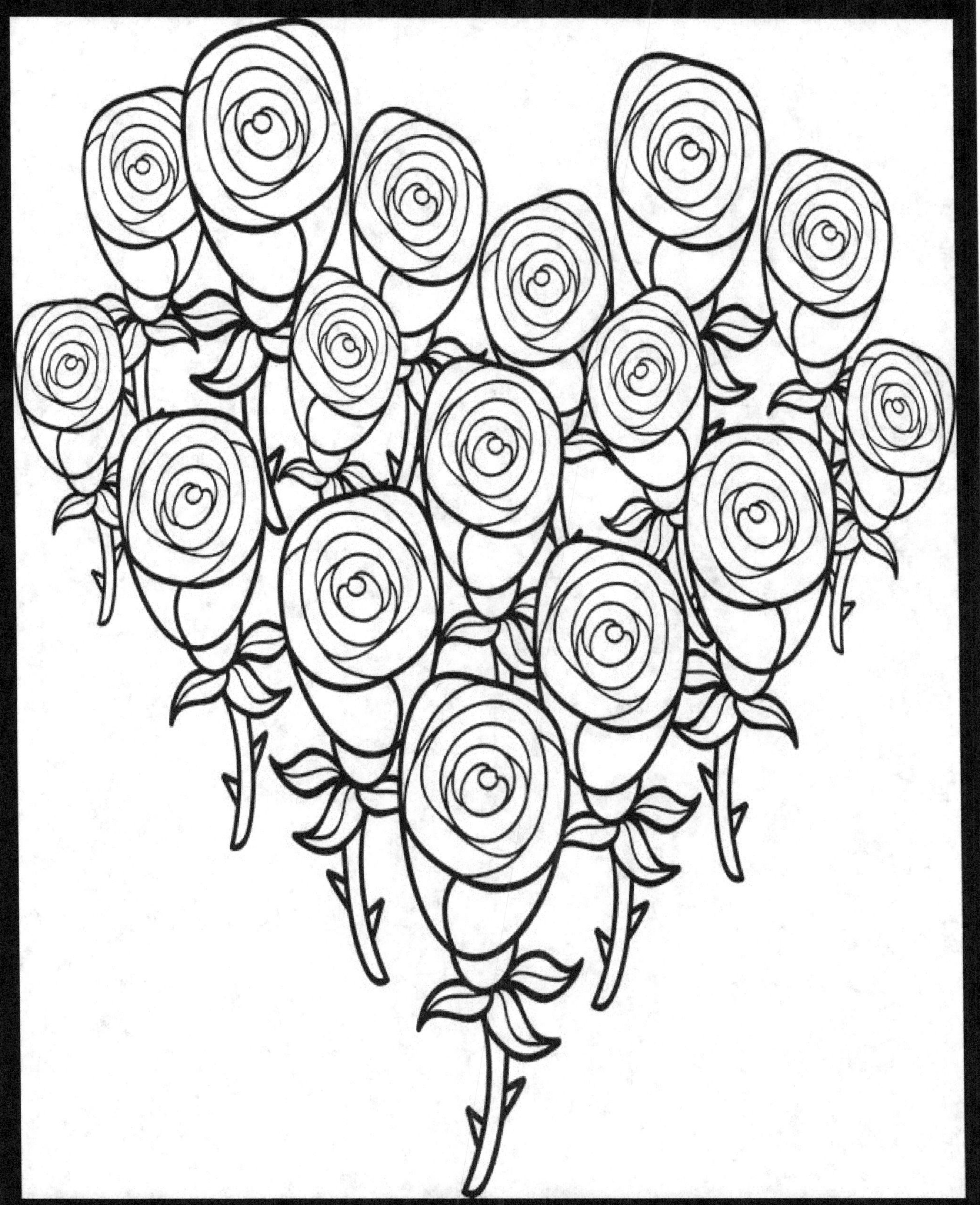

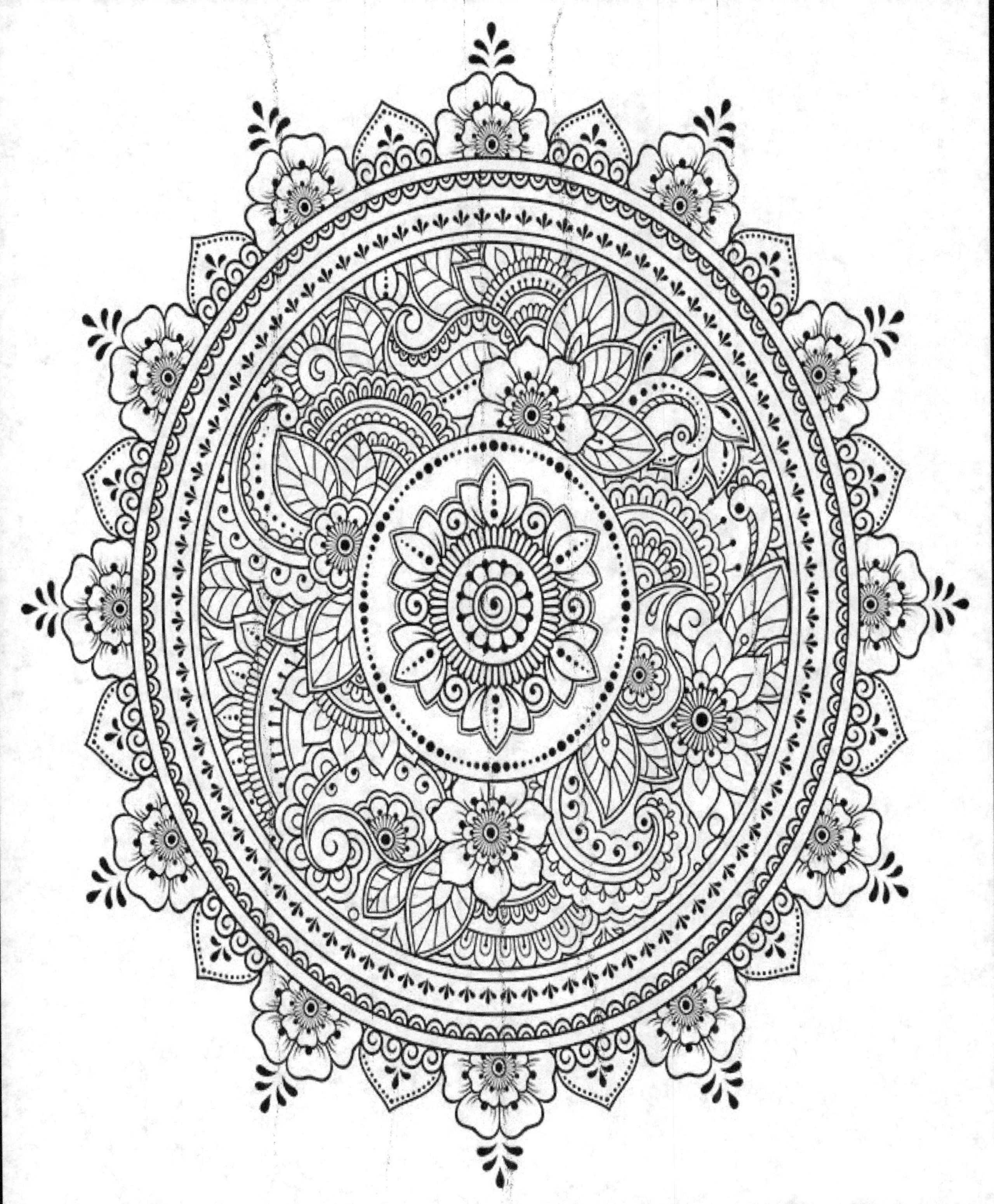

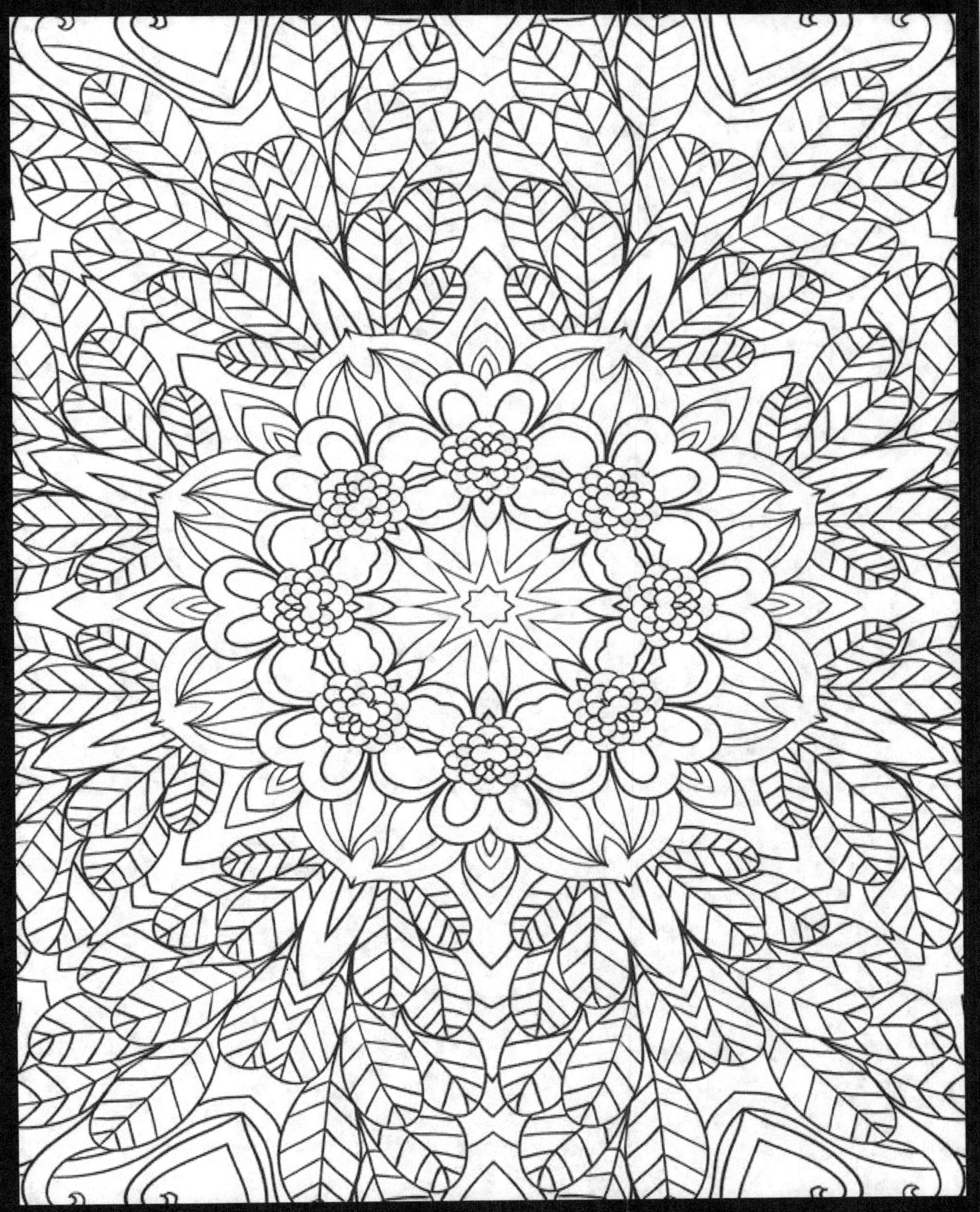

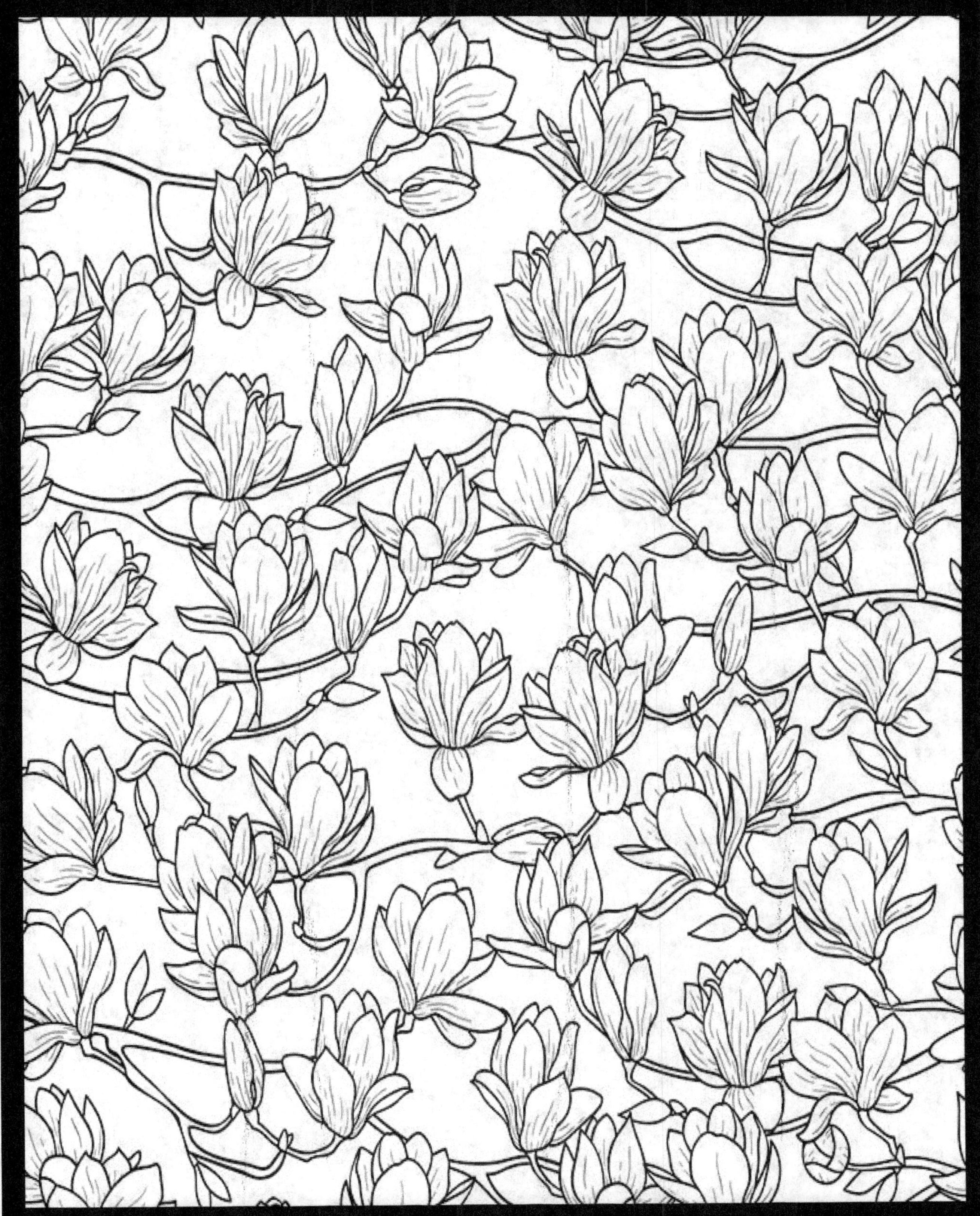

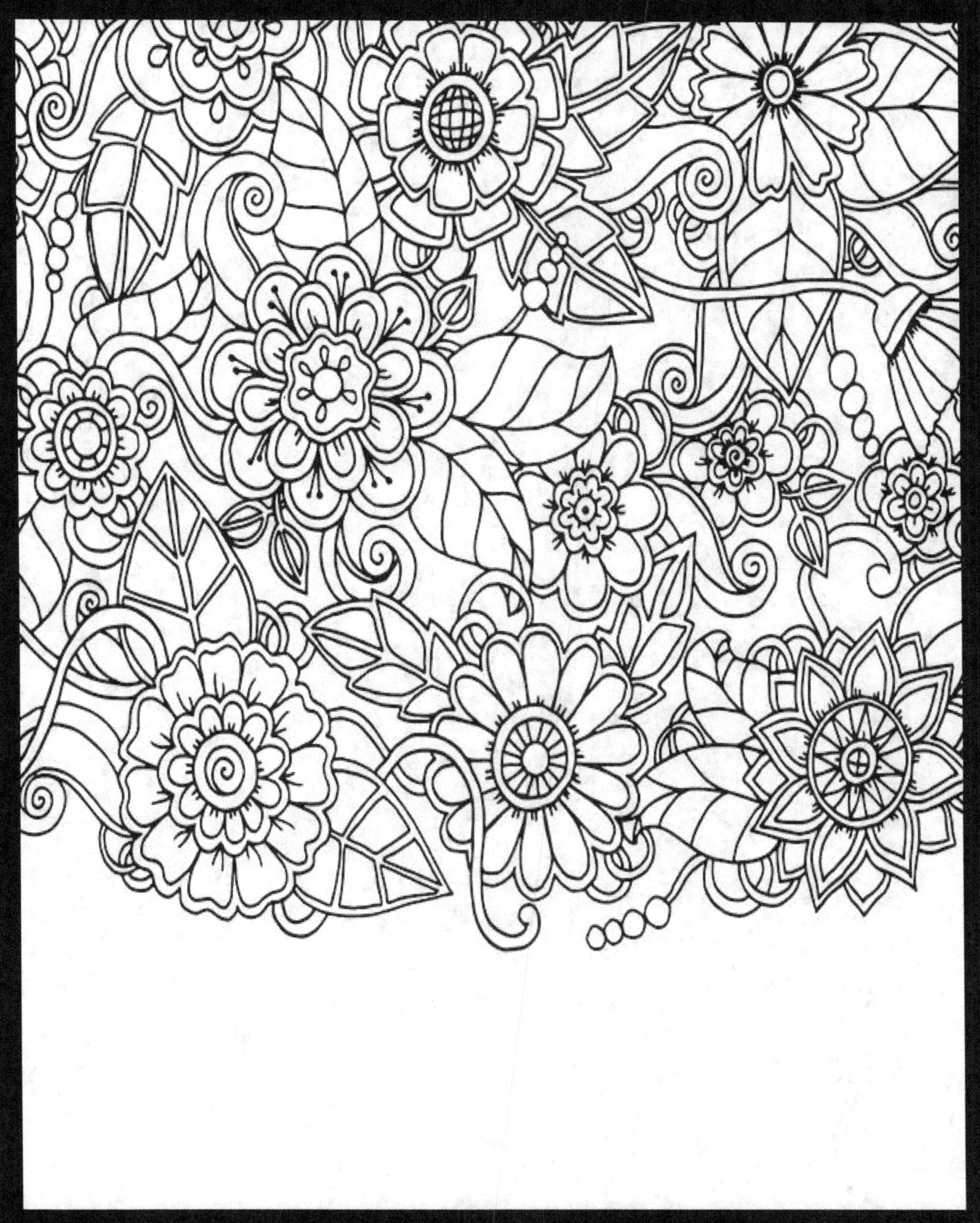

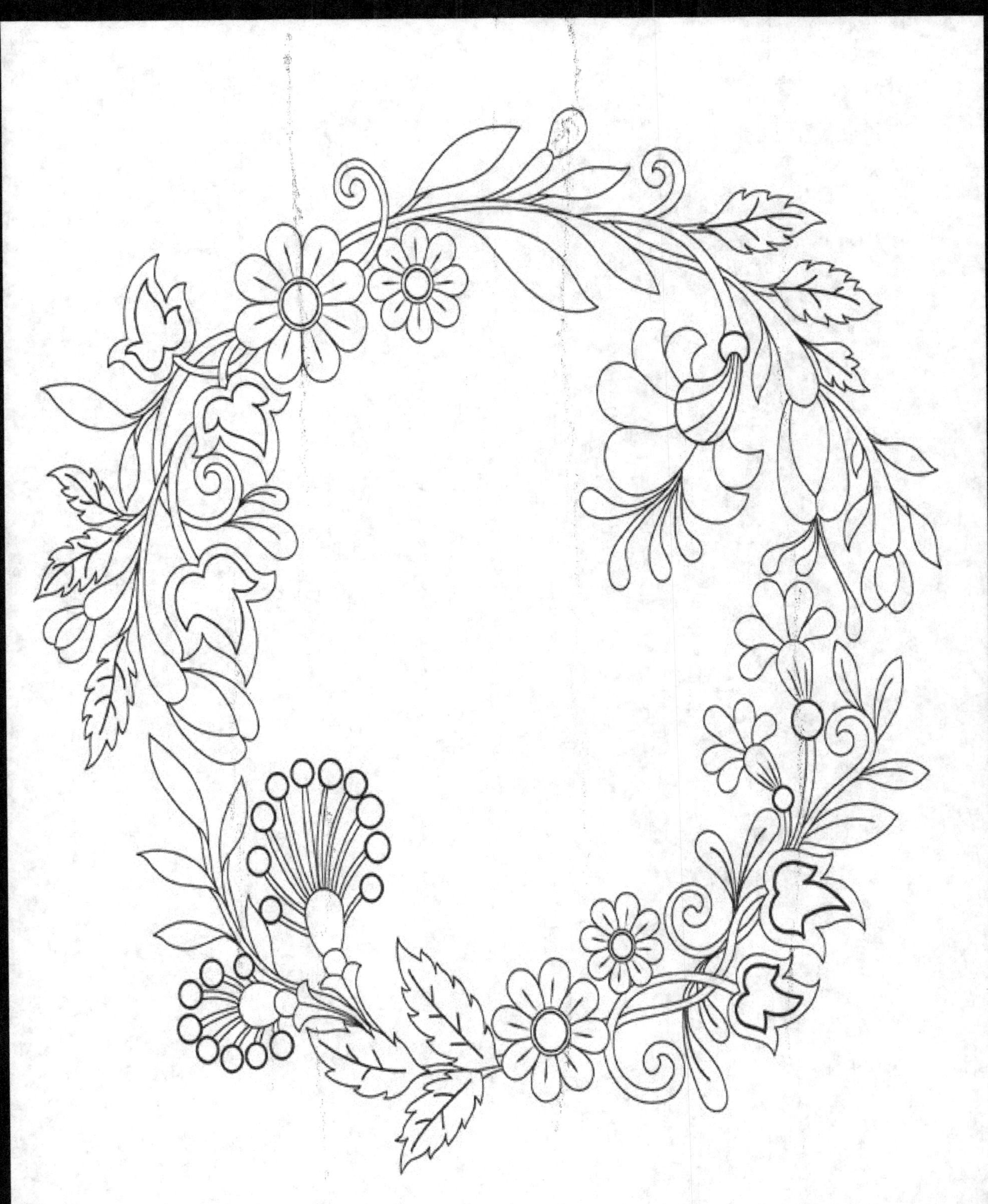

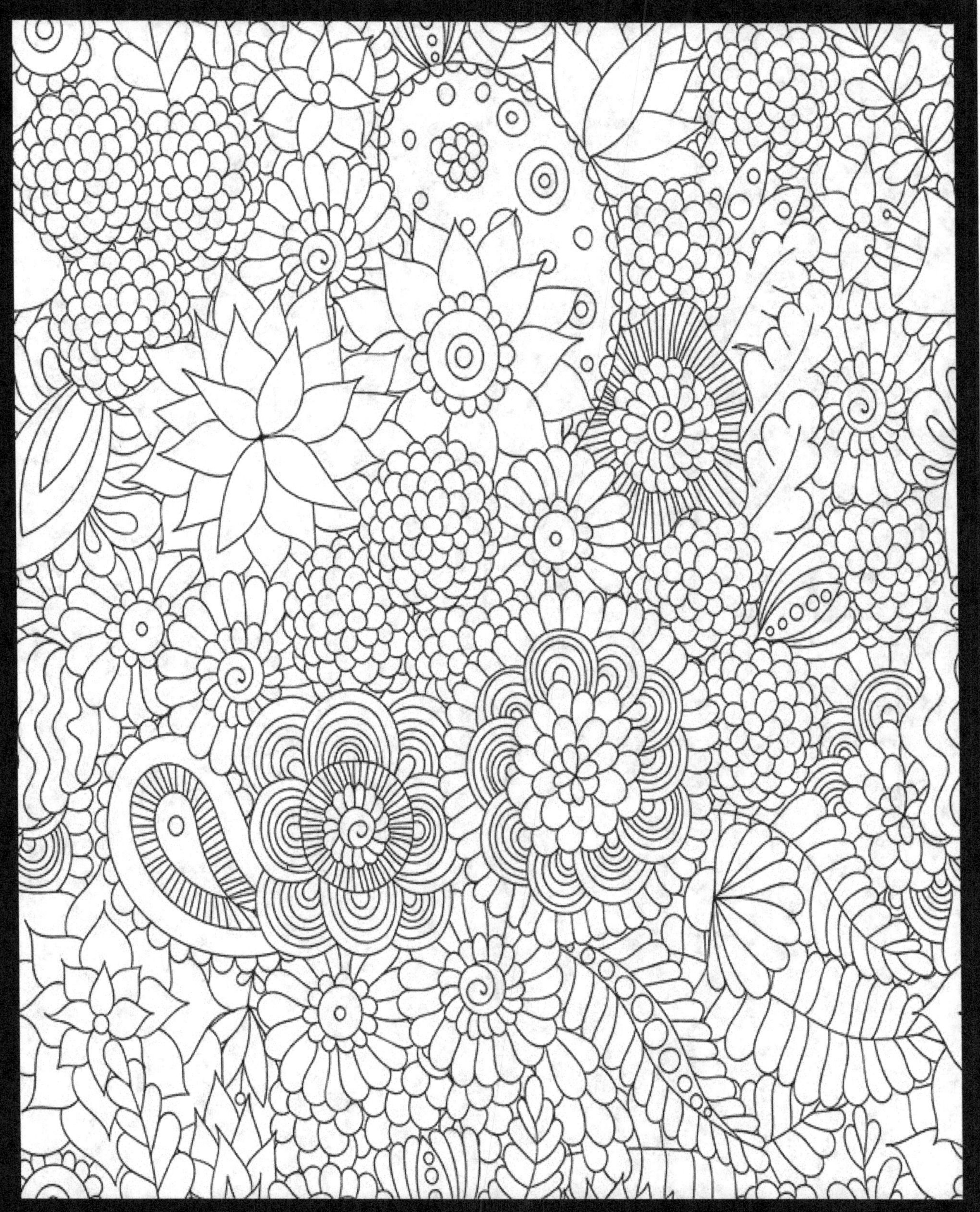

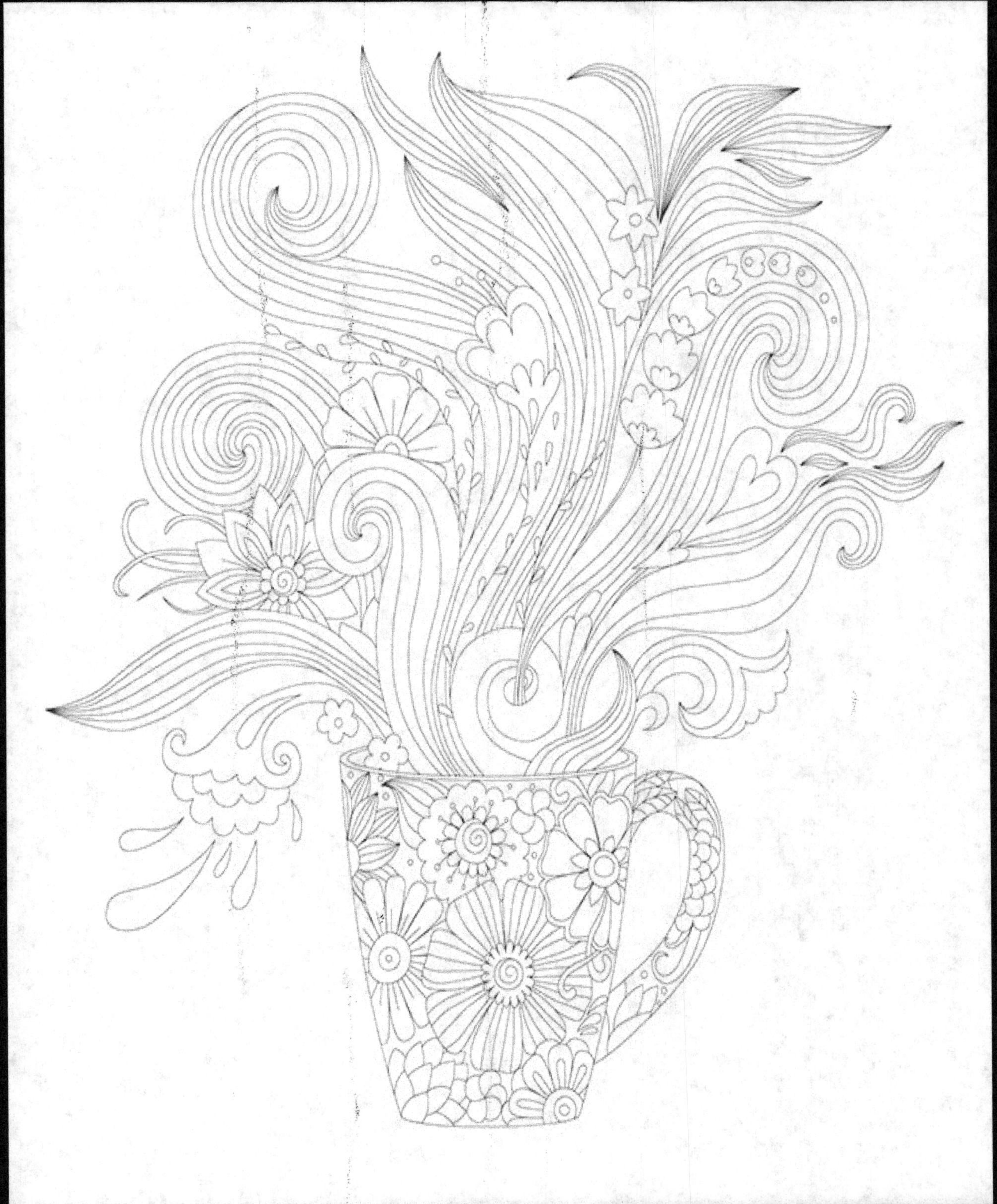

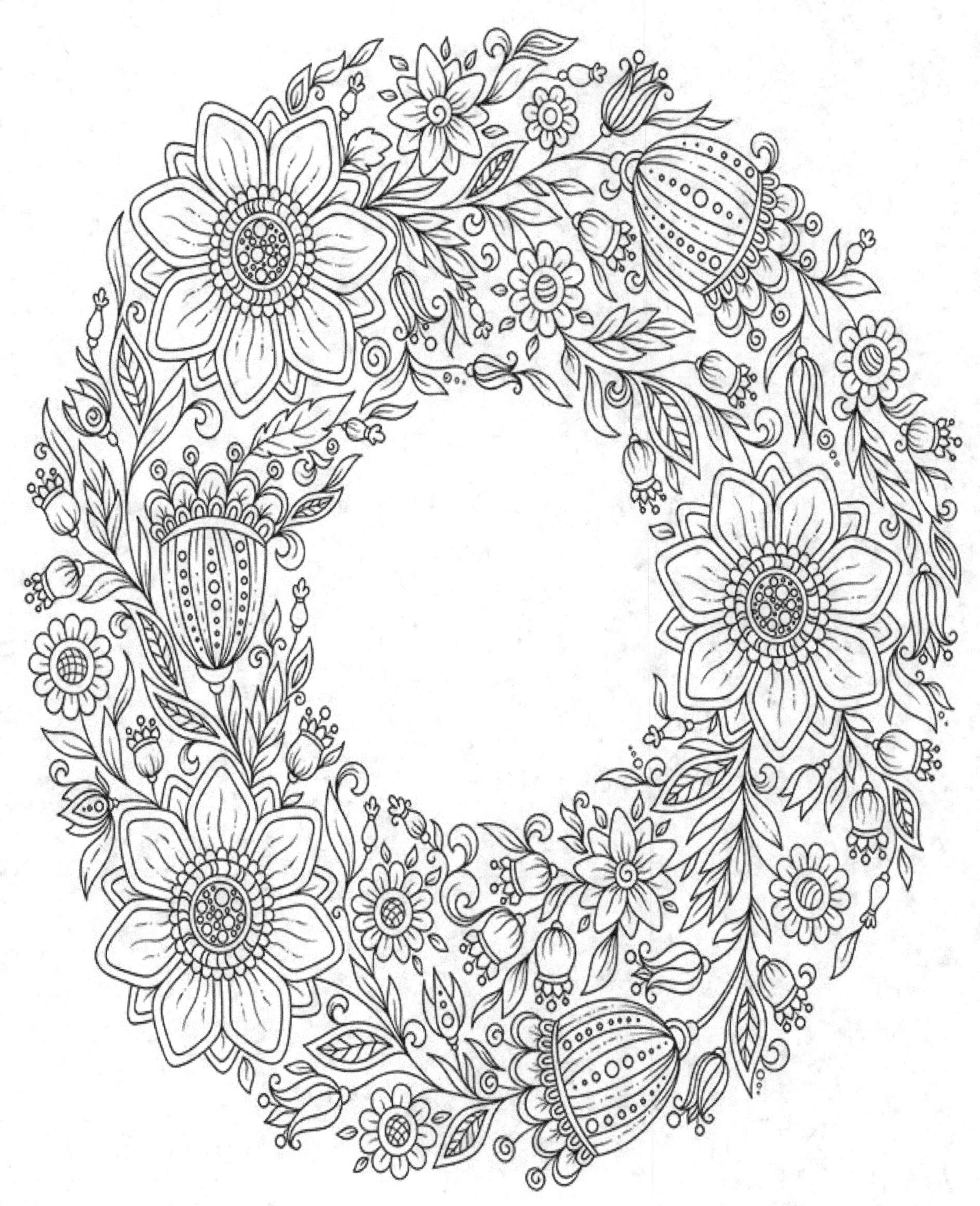

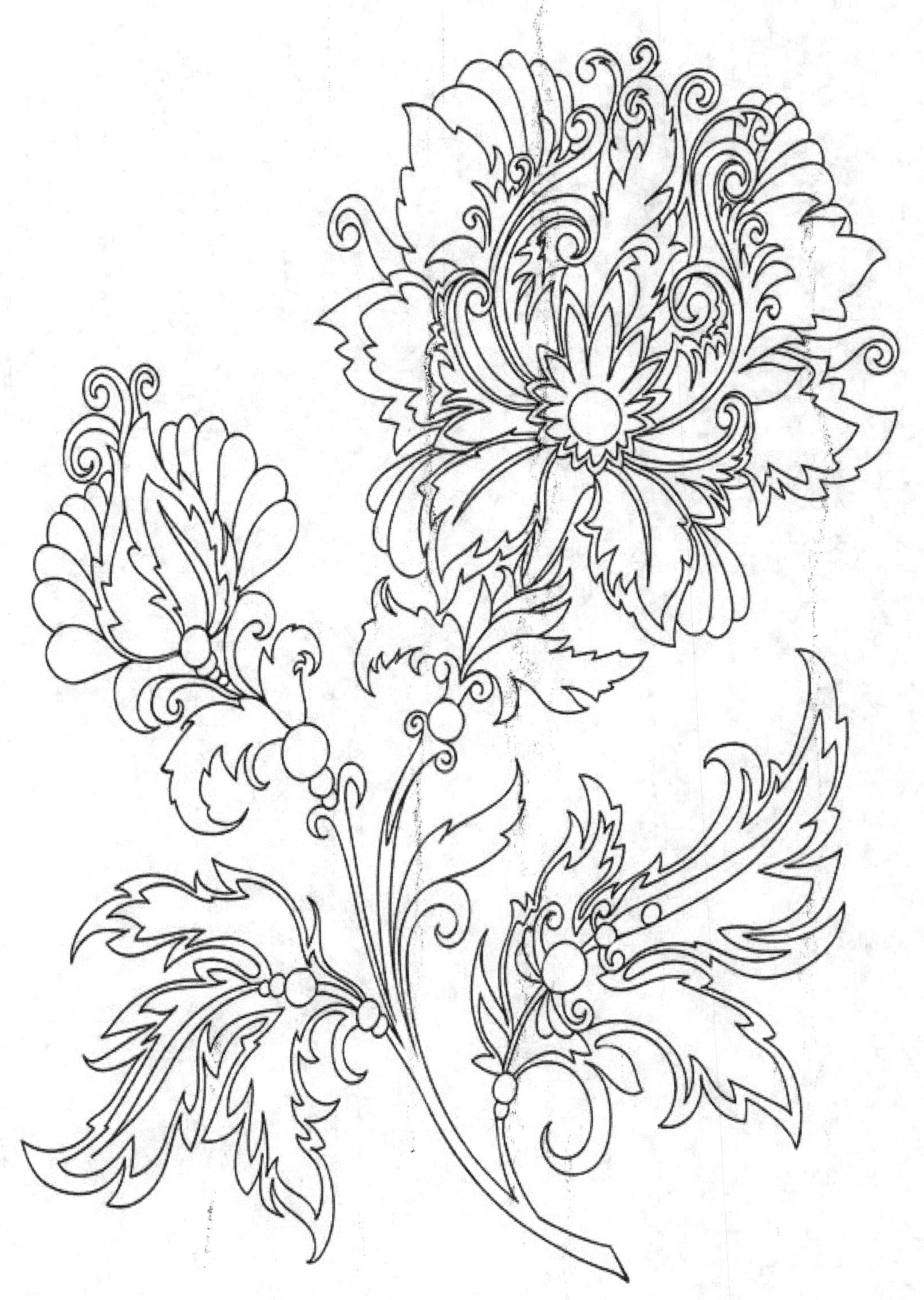

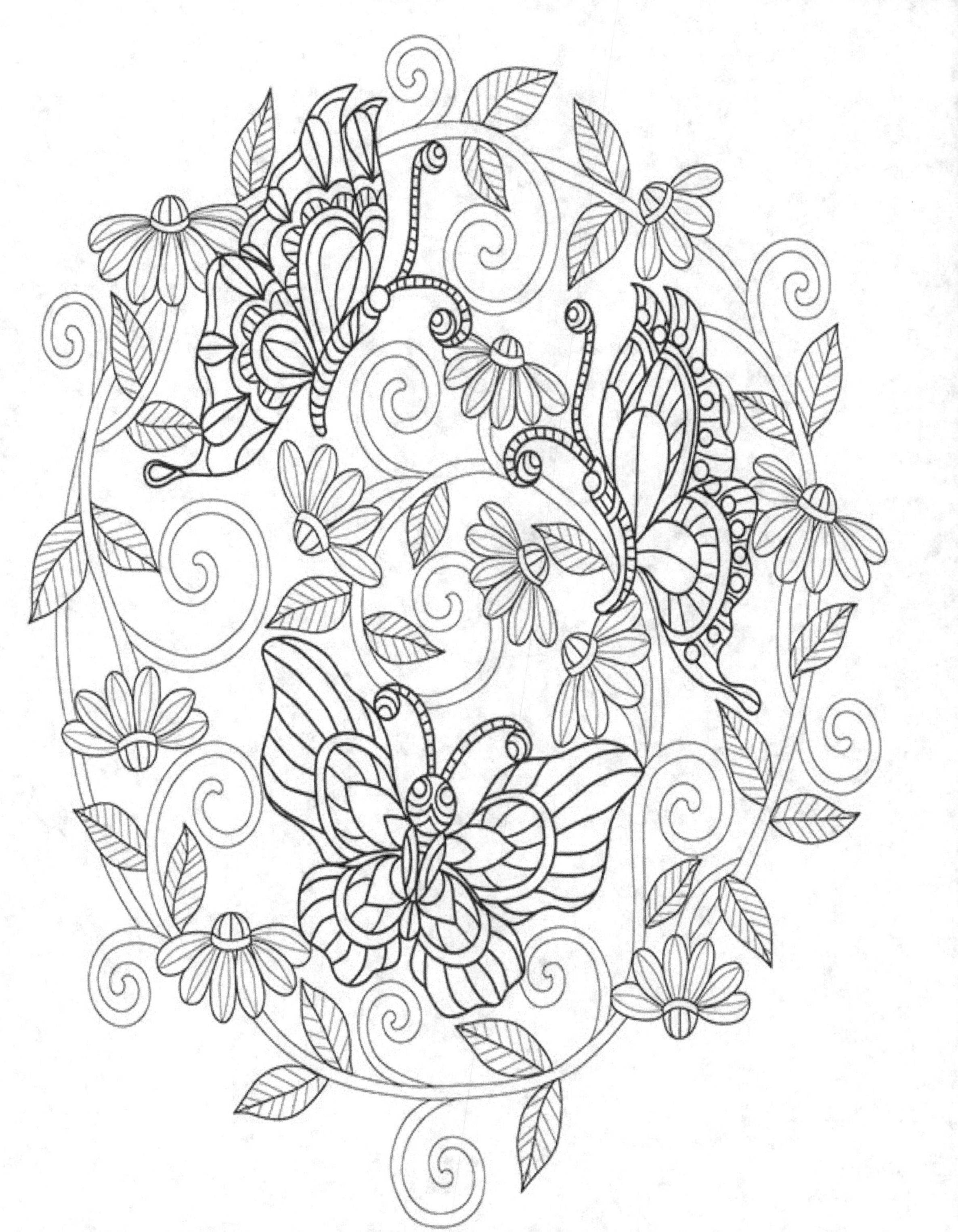

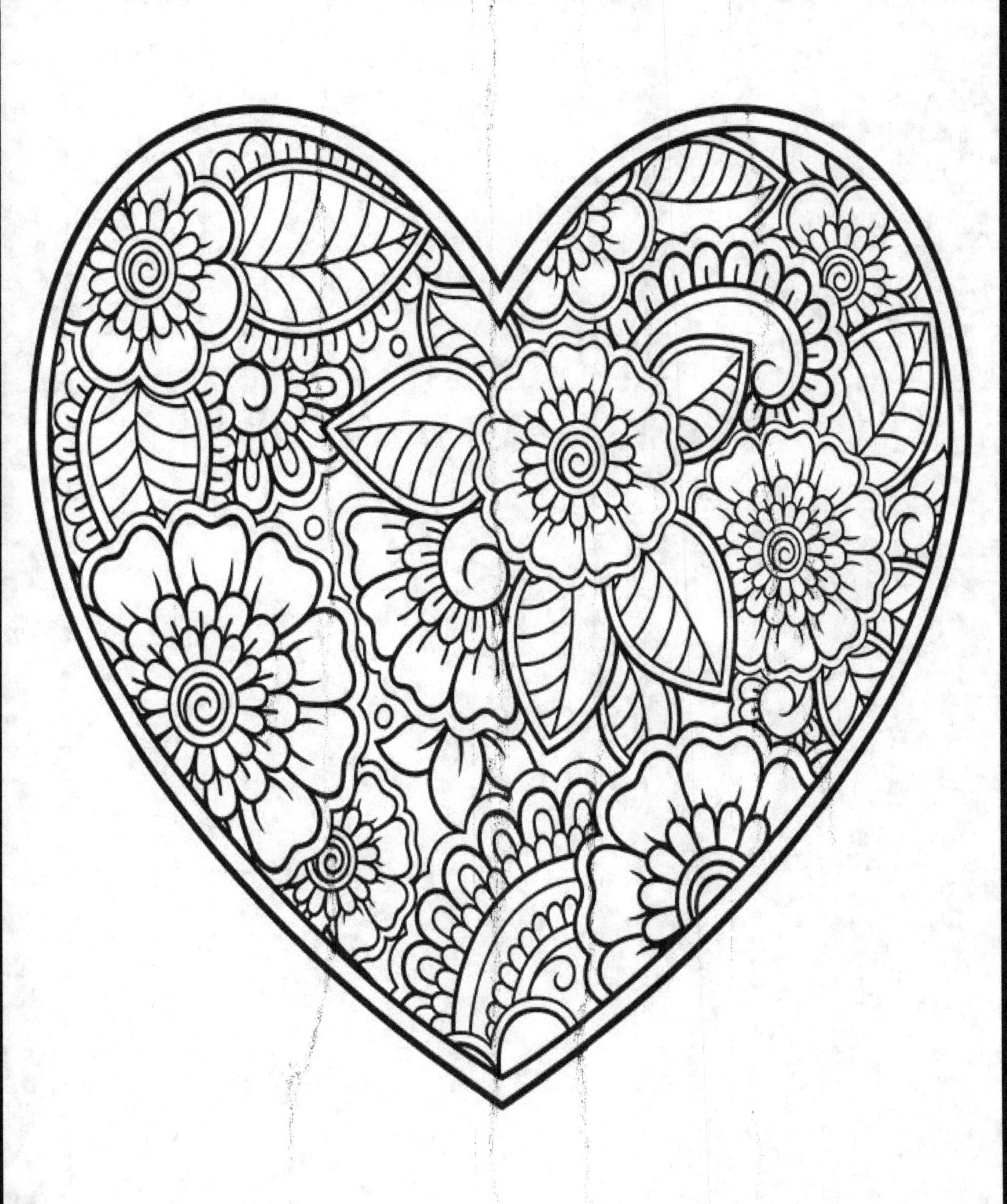

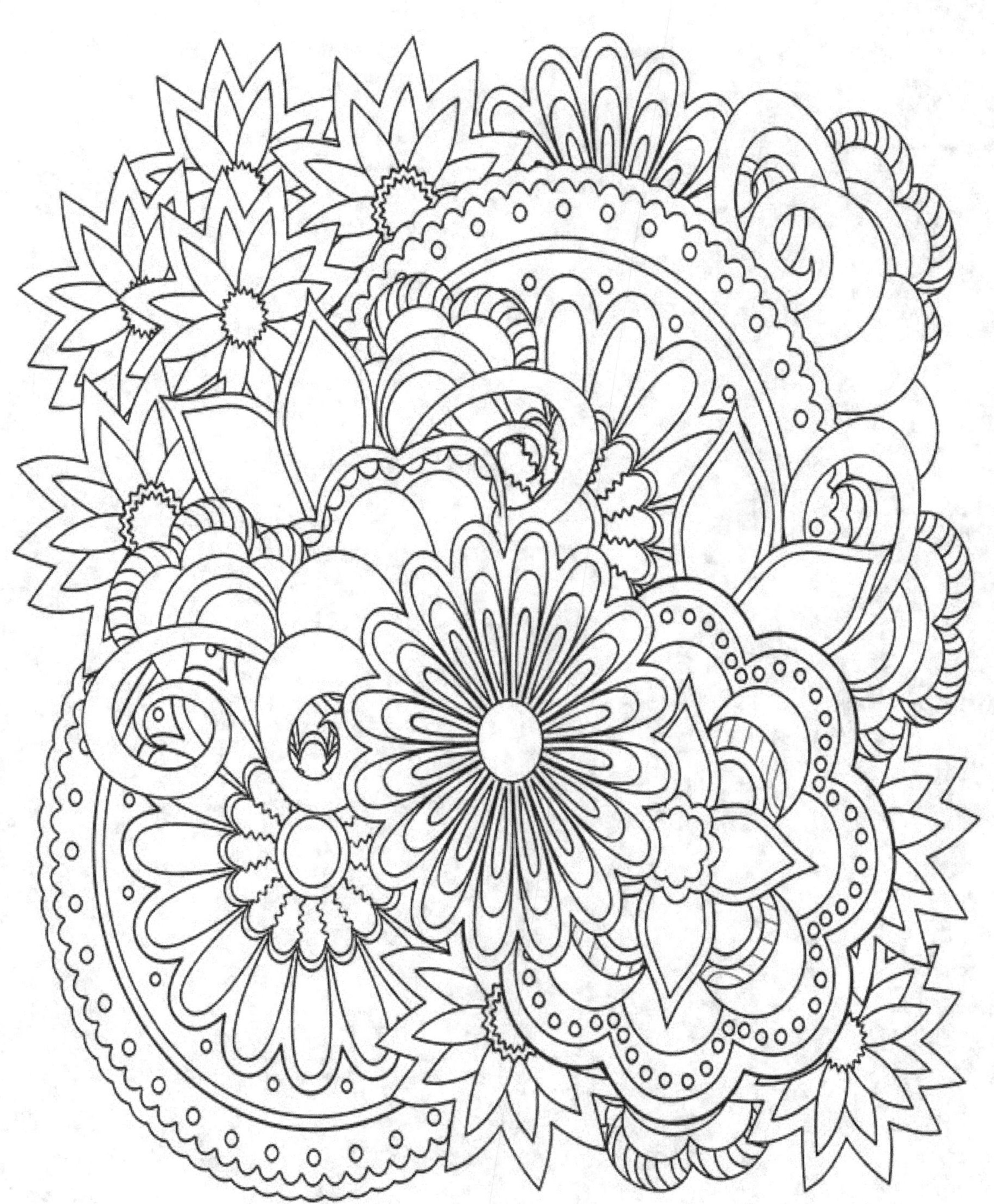

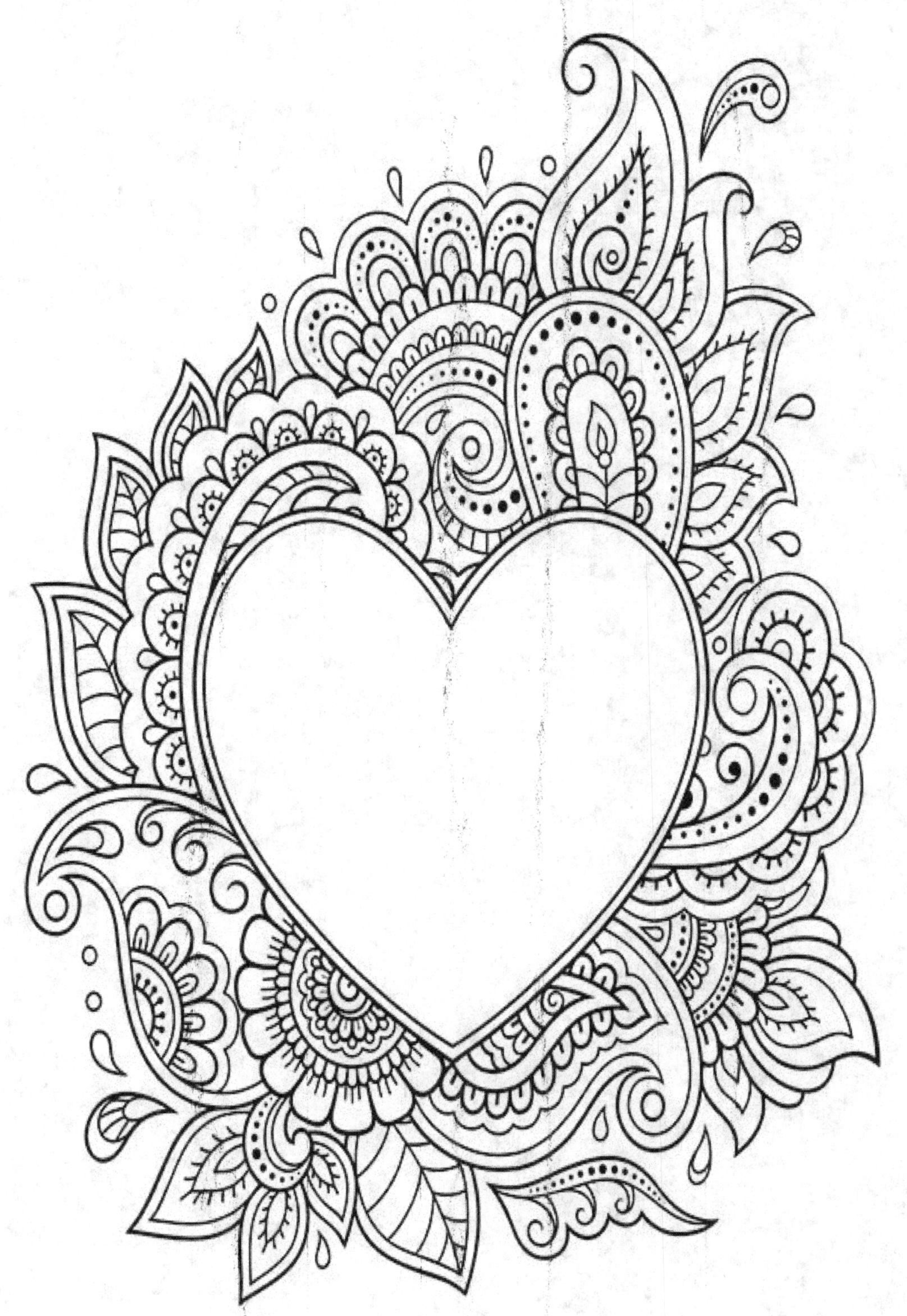

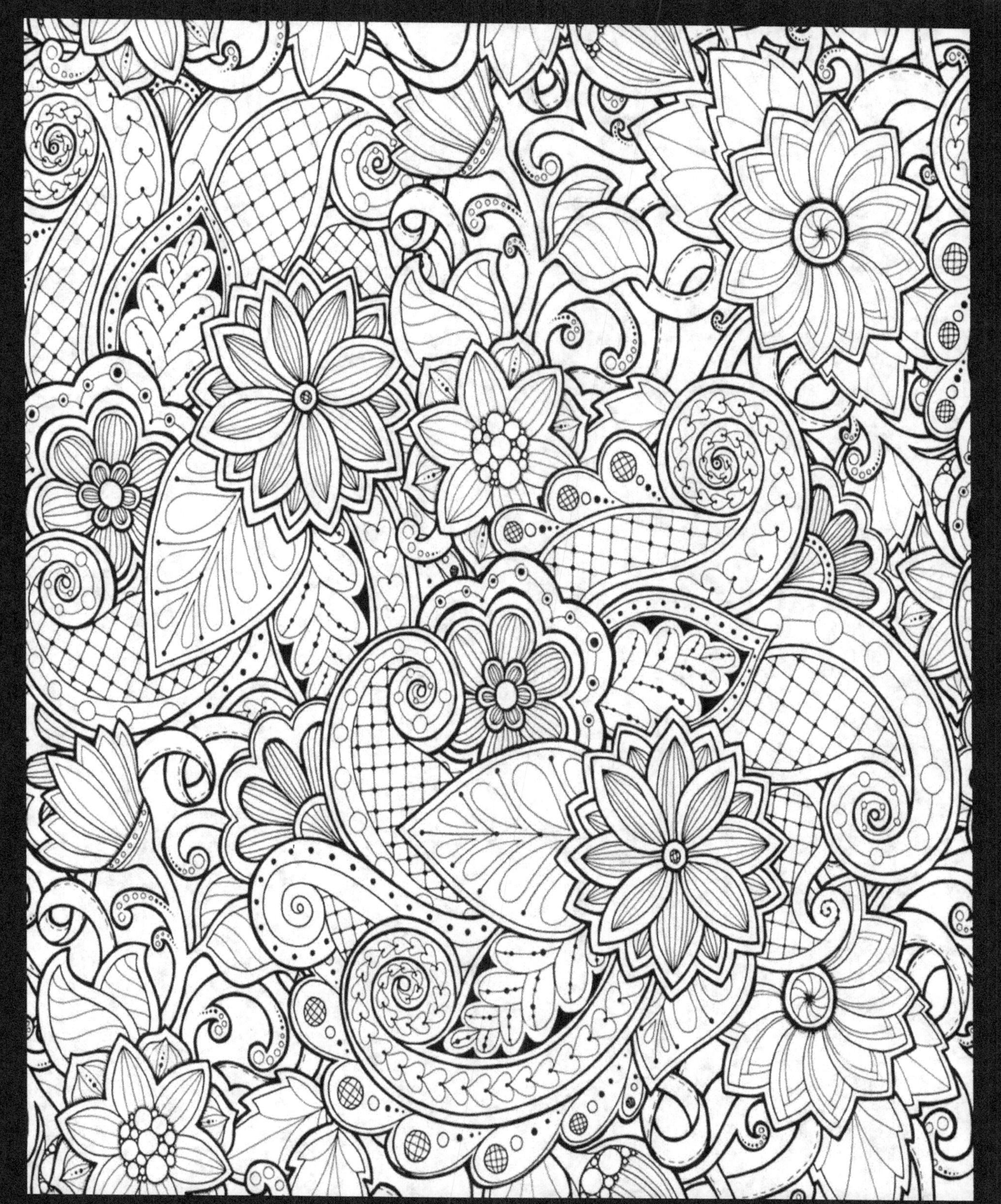

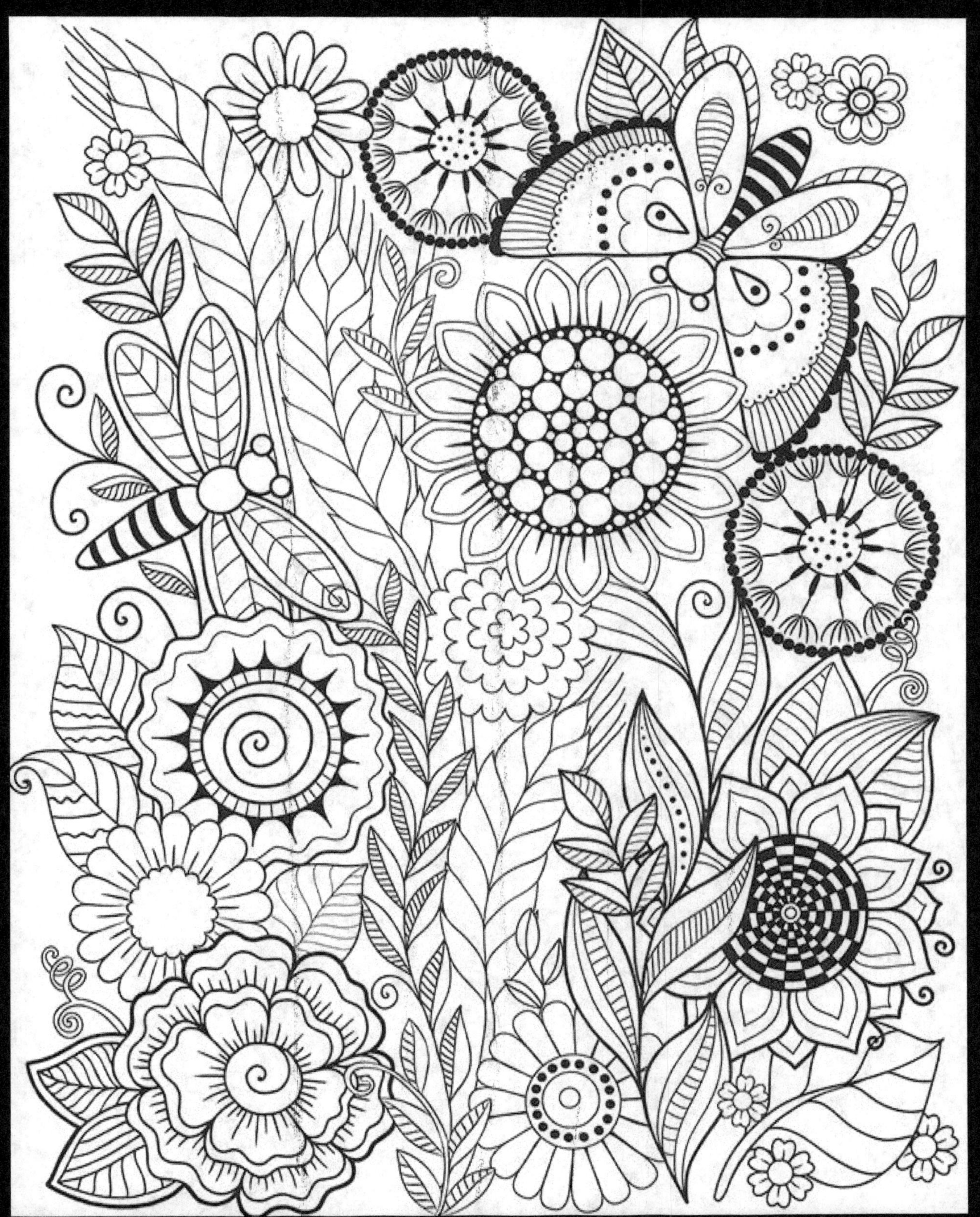

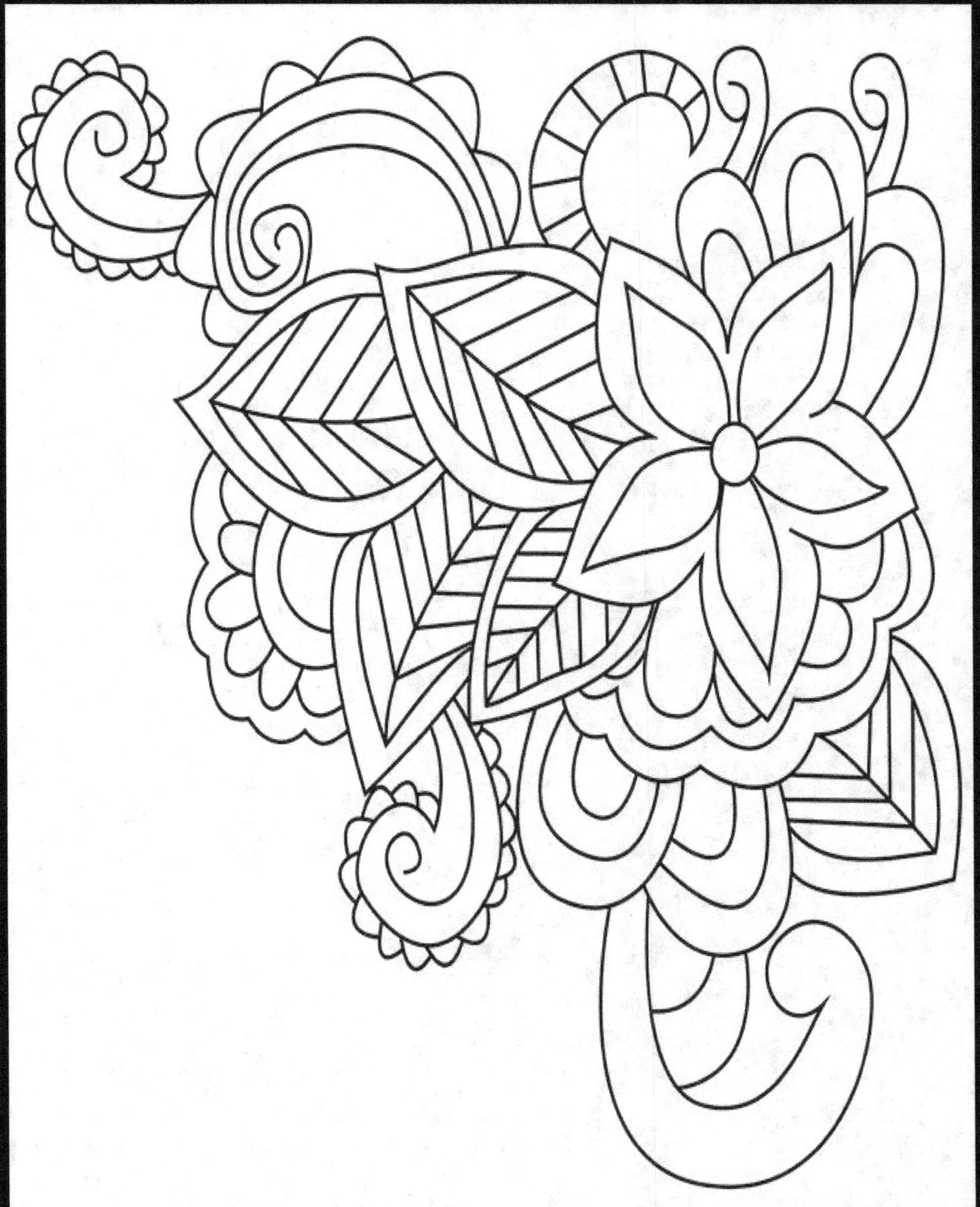

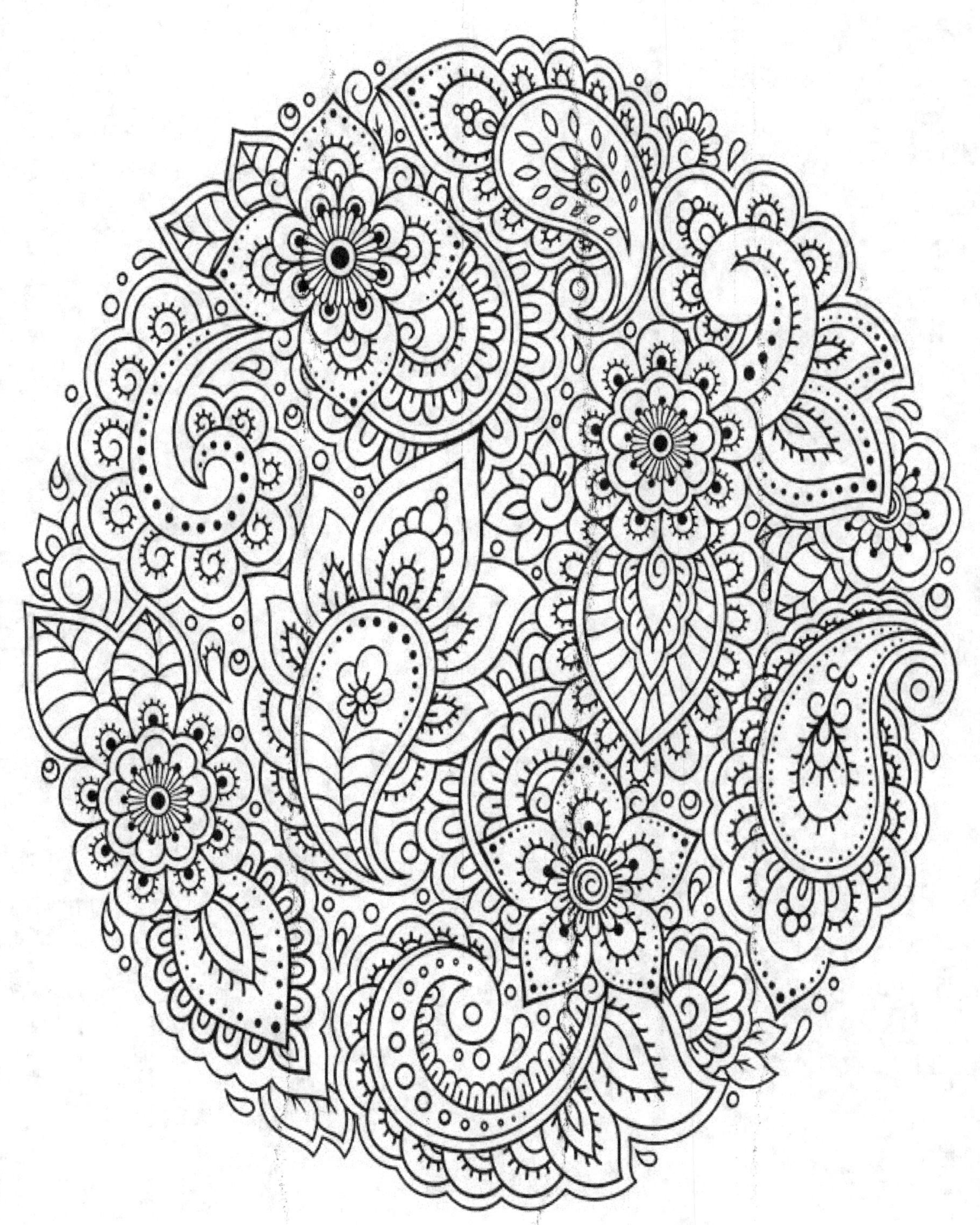

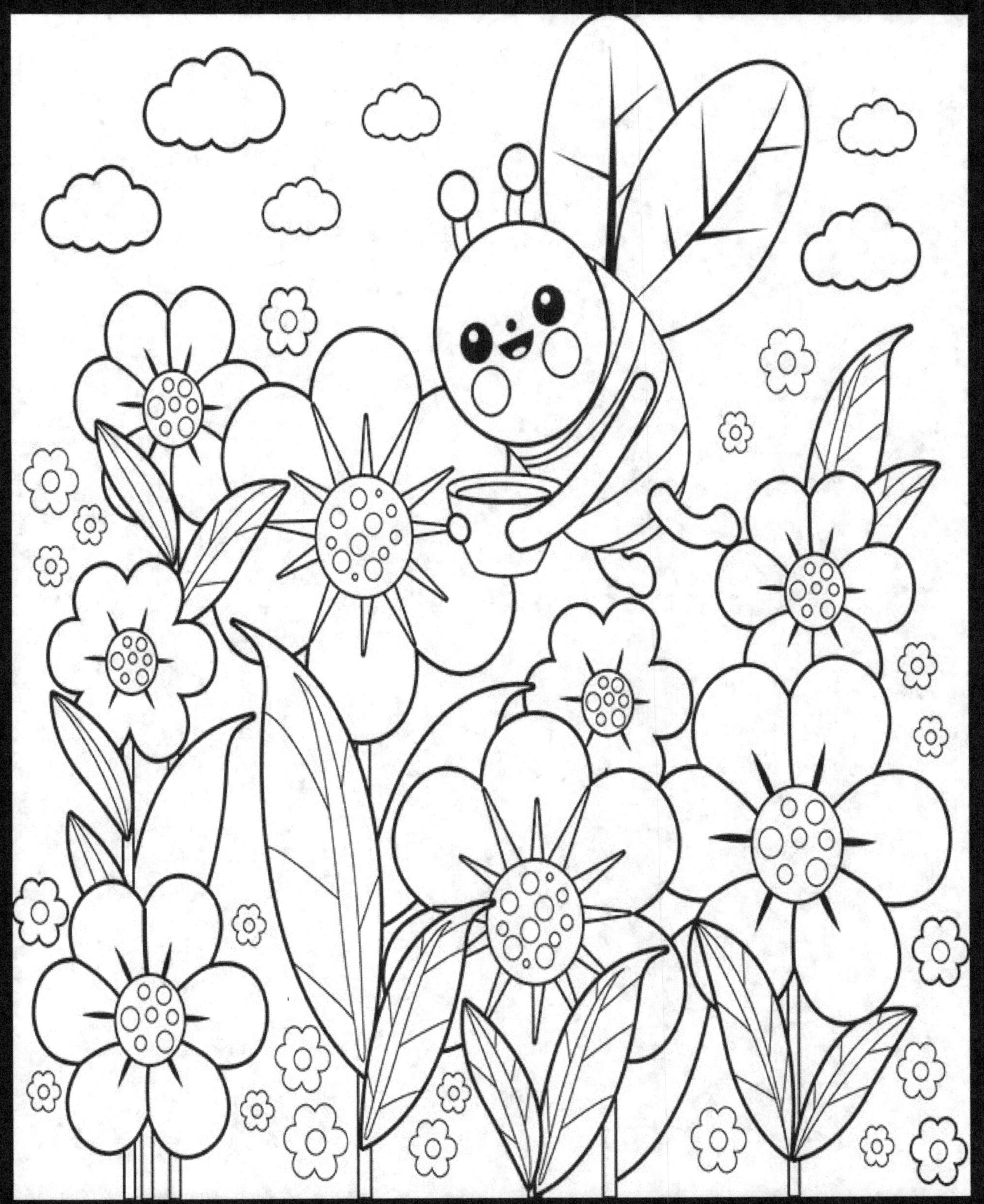

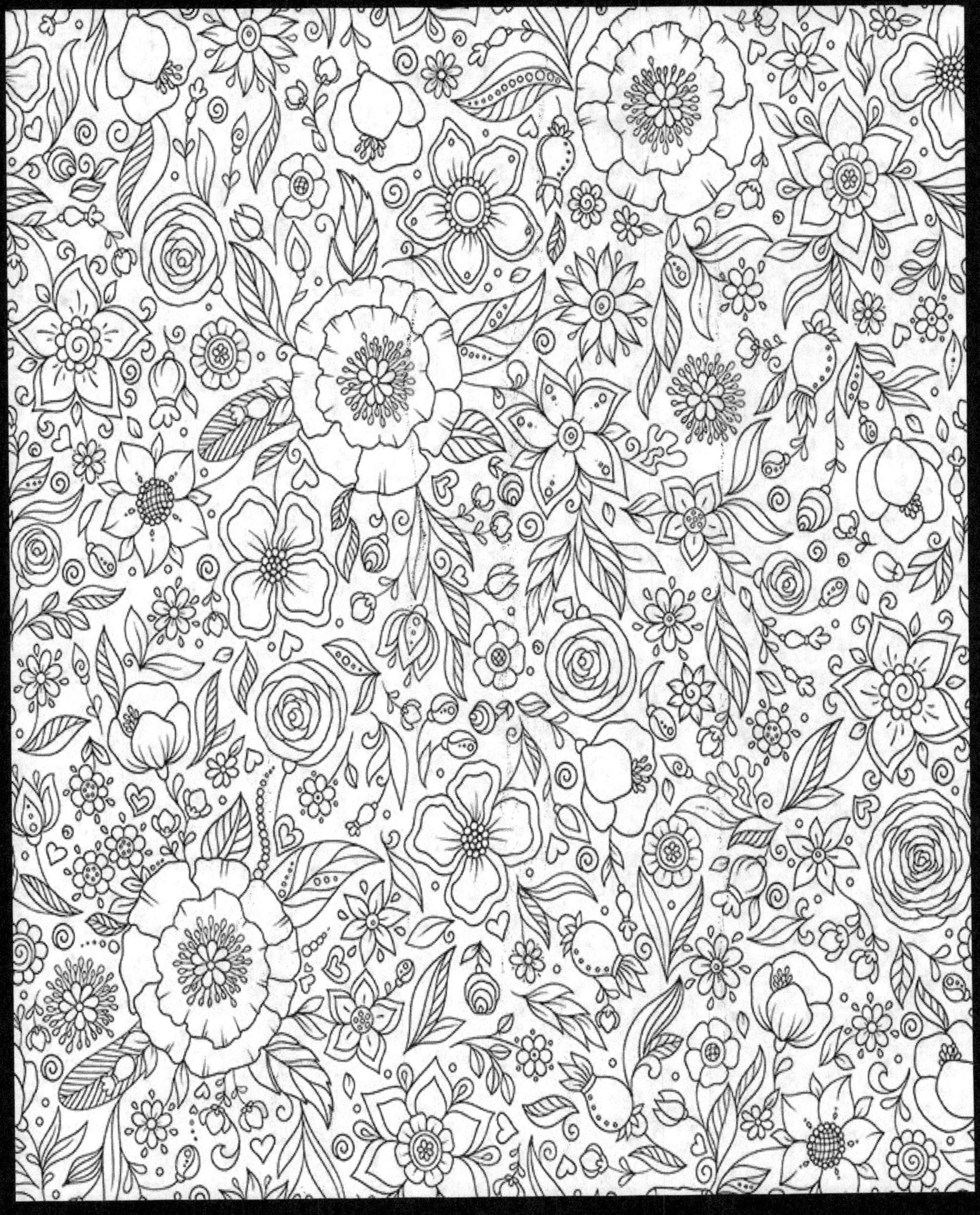

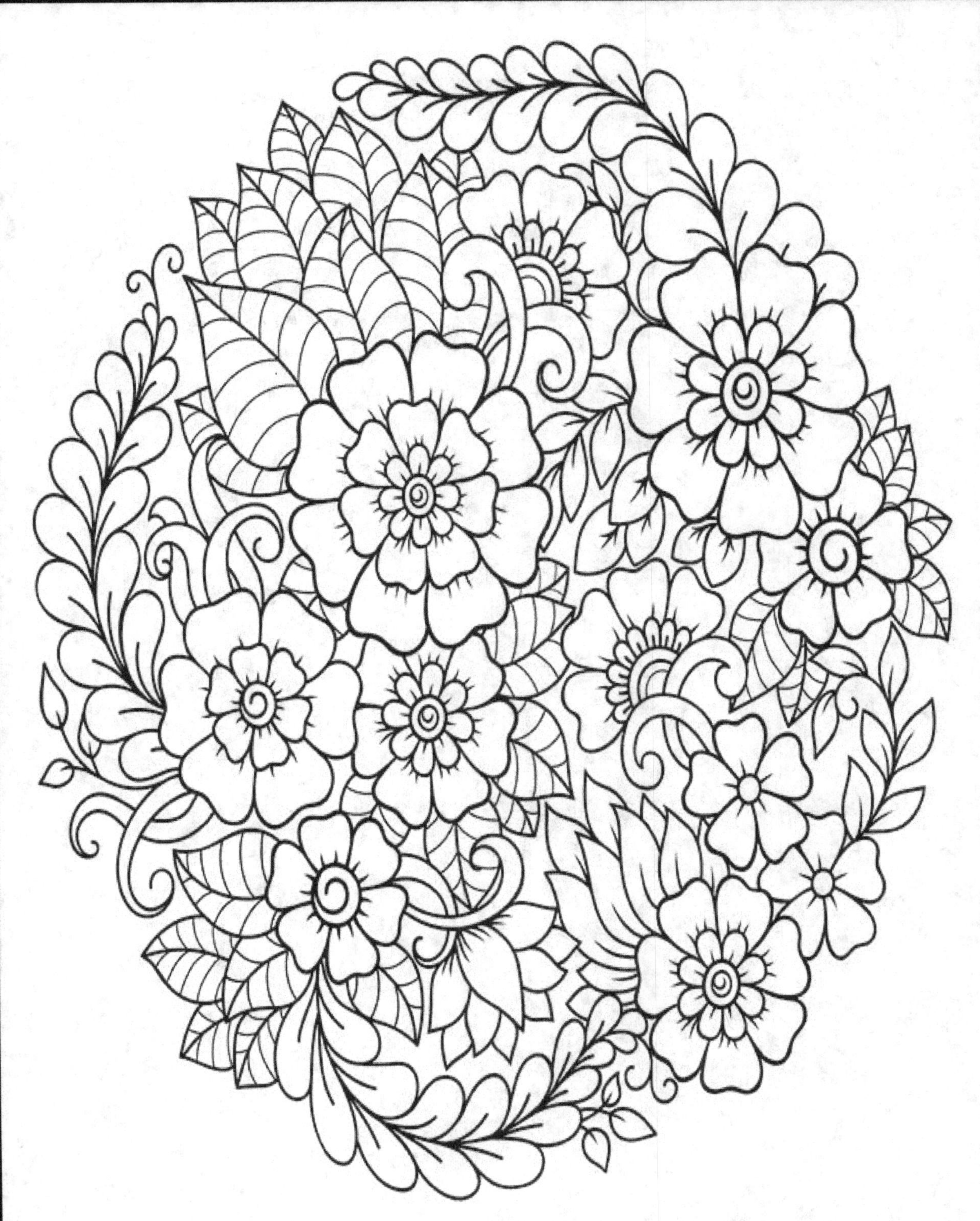

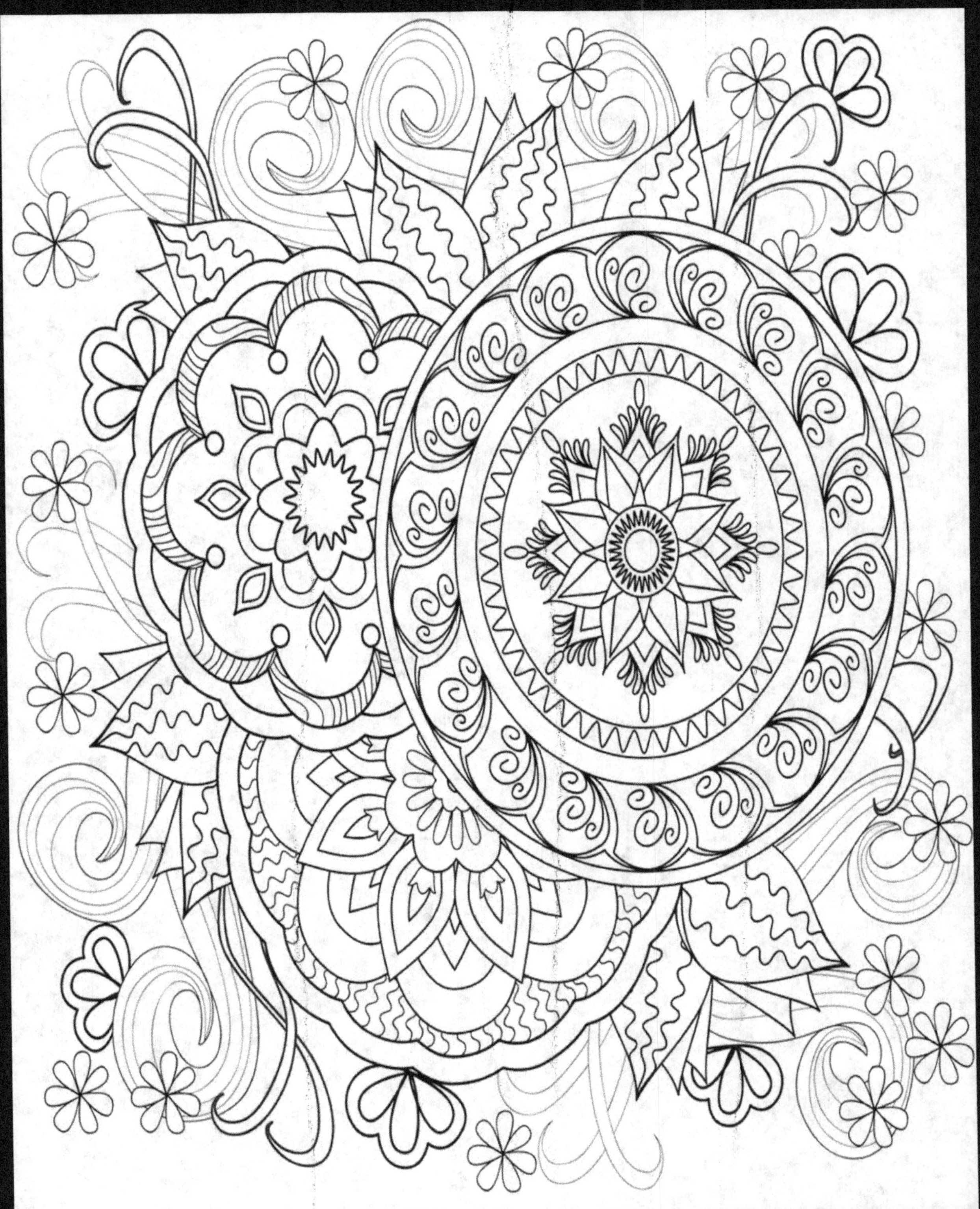

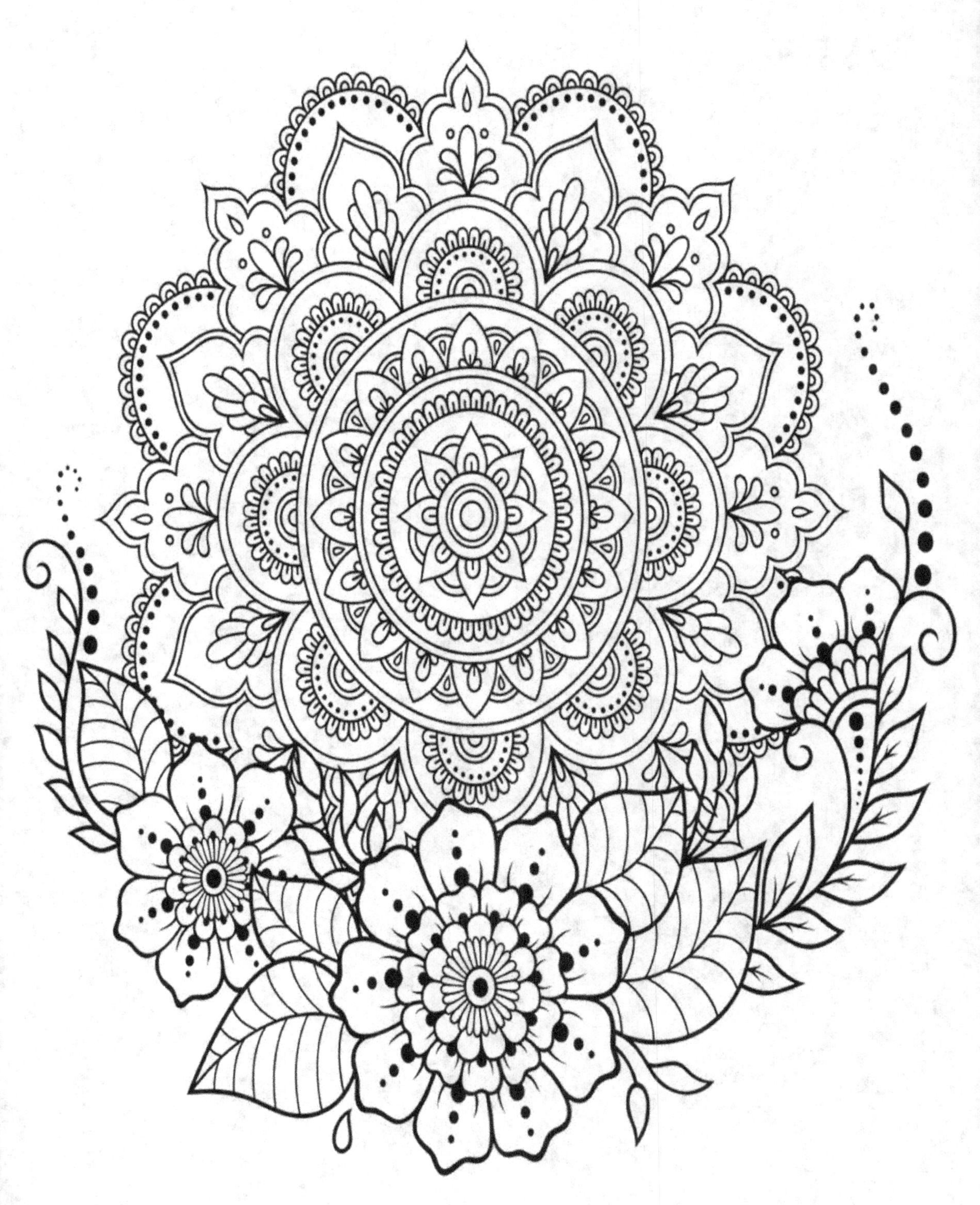

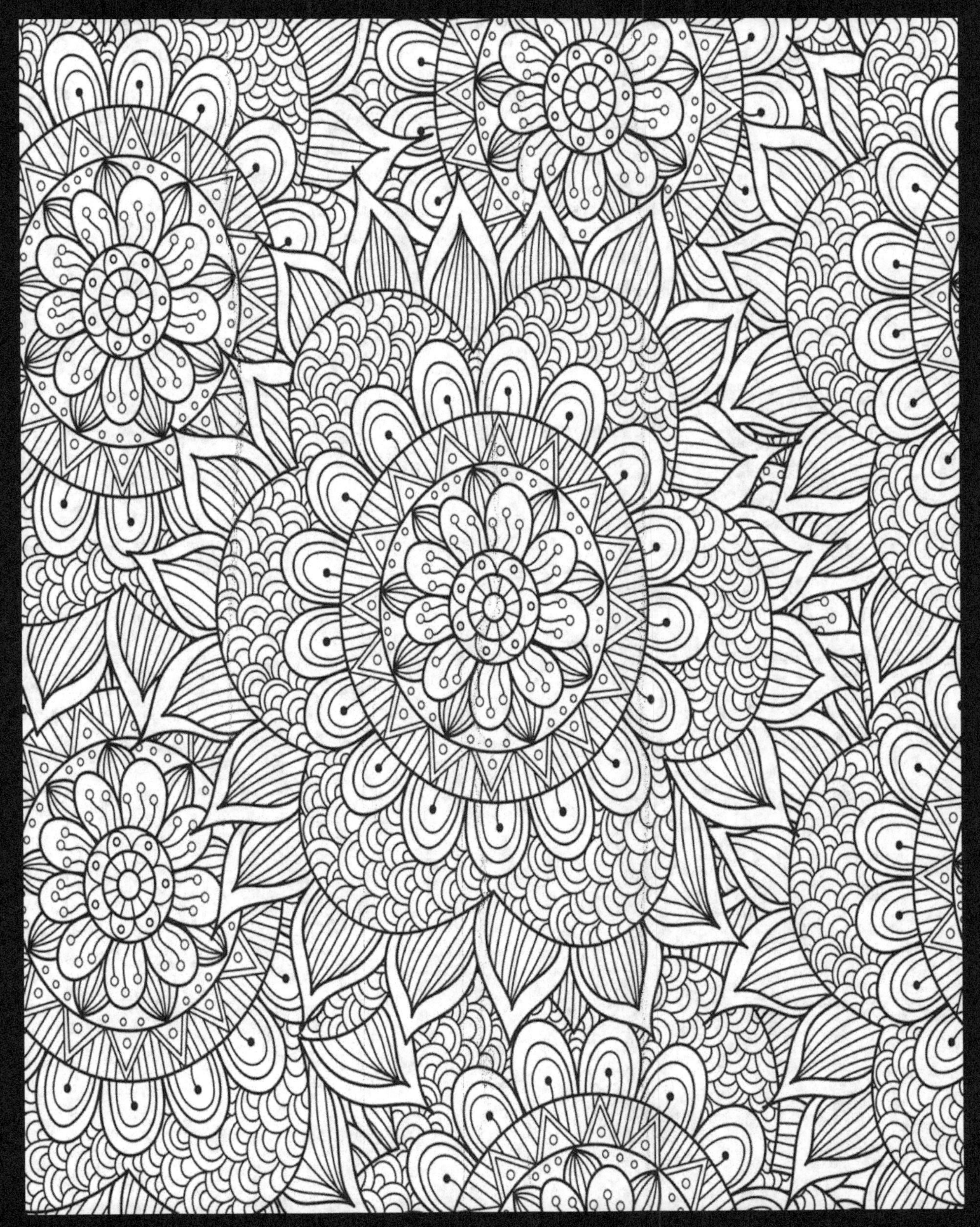

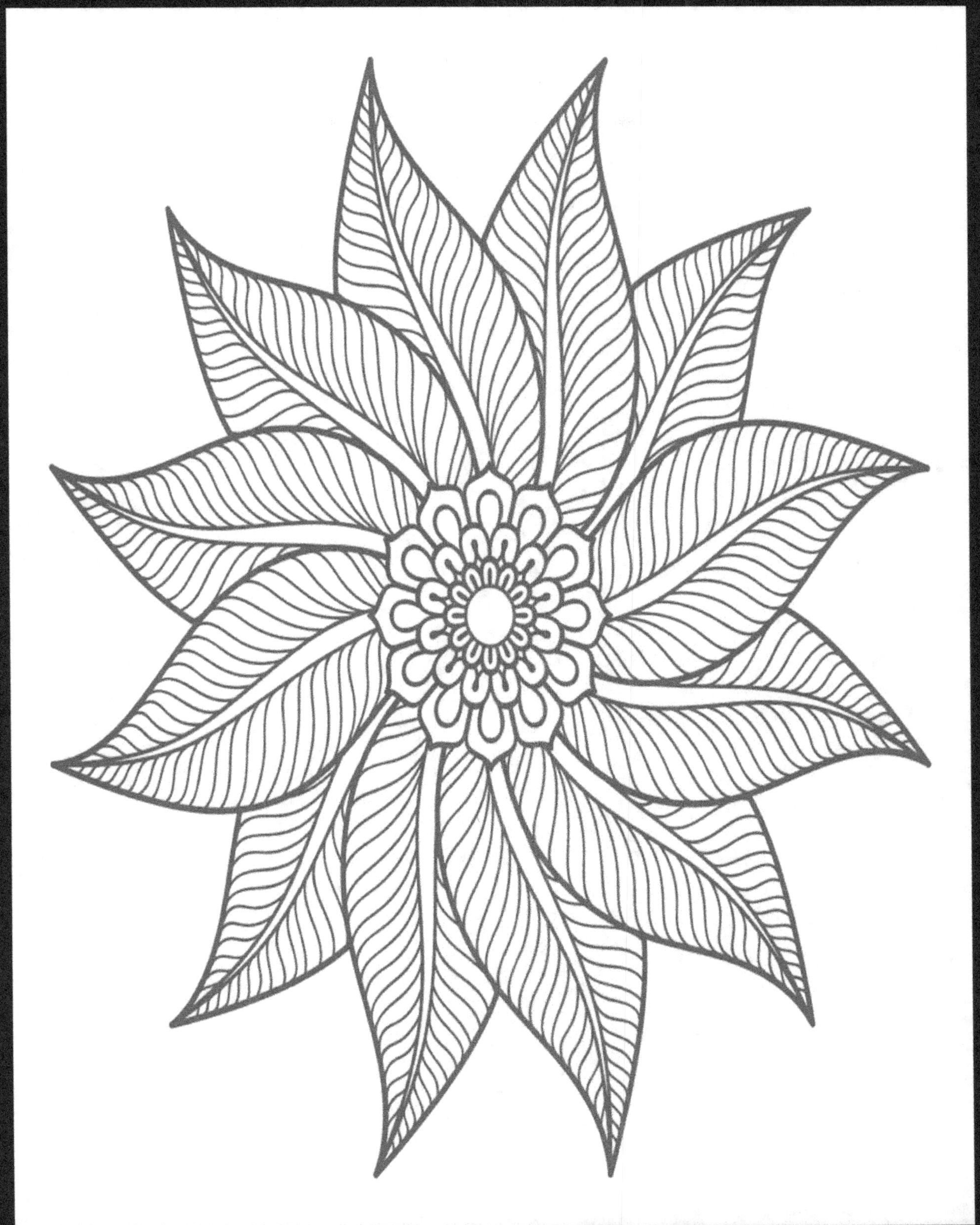